# Das Glaubensbekenntnis

## Satz für Satz erklärt

NORBERT SCHOLL

# Das Glaubensbekenntnis

## Satz für Satz erklärt

NORBERT SCHOLL

Kösel

ISBN 3-466-36544-9

Druck und Bindung: Ebner, Ulm
Umschlag: Kaselow-Design, München
Umschlagmotiv: zefa visual media / Olbinski

1 2 3 4 5 · 04 03 02 01 00

Gedruckt auf umweltfreundlich hergestelltem Werkdruckpapier
(säurefrei und chlorfrei gebleicht)

# Inhalt

# Einführung

Das Fundament des christlichen Glaubens liegt seit 2000 Jahren. Der Boden dazu wurde in der Geschichte des Volkes Israel und im Jesusgeschehen bereitet: »Einen anderen Grund kann niemand legen als den, der gelegt ist: Jesus Christus« (1 Kor 3,11).

Doch das sprachliche Gewand, in das die Botschaft von diesem Fundament gehüllt wurde, ist in die Jahre gekommen. Das gilt noch am wenigsten für die biblischen Texte: Die Gleichnisse Jesu und seine Bergpredigt sind so aktuell und verständlich wie eh und je. Schwieriger ist es schon mit den Wundererzählungen, den Ostergeschichten und erst recht mit den Kindheitsevangelien. Noch mehr Verständnis- und Auslegungsprobleme bereiten die meisten Schriften des Alten Testaments, manche theologisch hoch befrachteten Stellen aus den Briefen des Neuen Testaments und die Offenbarung des Johannes.

Doch Schwierigkeiten gibt es auch mit jenen Bildern und Begriffen, derer sich die frühe Christenheit bediente, um ihre Glaubenserfahrungen sprachlich-begrifflich exakt zu fassen und sie so für Außenstehende zugänglich zu machen. Seit dem Aufkommen der ersten Bekenntnisformeln wurde stets heftig um diese Formulierungen gestritten. Alle sind geschichtlich gewachsen und in einem Verständnishorizont entstanden, der heute längst vergangen ist. Alle spiegeln das älteste Ringen um eine zeitgemäße, situationsgerechte Form des Glaubens an Jesus, den Christus, wider. »Ein Überblick über die Vielzahl und -gestalt ... zeigt, dass diese ein Spiegel der Unterschiedlichkeit ihrer Entstehungssituationen und Intentionen sind« (D. Sattler[1]).

Daraus resultiert, dass es »eine Mehrzahl von Glaubensbekenntnissen (gibt), die der Interpretation bedürfen« (E. Feifel[2]). Denn was zur Zeit der Entstehung von jedem einigermaßen Gebildeten und mit der Sprache des Glaubens Vertrauten zu verstehen war, wurde schon nach wenigen Jahrzehnten oder zumindest Jahrhunderten aufgrund eines veränderten Verstehensrahmens und der fehlenden Kenntnisse von der ursprünglichen Bedeutung der Bilder und Begriffe gänzlich anders interpretiert (vgl. »eingeboren«, Jungfrauengeburt, Zahlensymbolik u.a.). Heute wissen die meisten Menschen mit den alten Bekenntnisformeln kaum noch etwas anzufangen. Ohne umfangreiche Kommentierung erscheinen die tradierten Glaubensbekenntnisse wie leere Worthülsen, wie geheimnisvolle, unverständliche Satzgebilde. Oder aber sie verleiten zu schlimmen Missverständnissen und Fehlinterpretationen, die den Zugang zum Glauben versperren oder Anlass geben, sich von ihm abzuwenden.

Andererseits lässt sich nicht bestreiten, dass diese Bekenntnisse samt der in ihnen verwendeten Formeln und Begriffe ihre je eigene Würde besitzen. In ihrer Bilder- und Begriffssprache ruhen die Glaubenskraft und die Glaubensfreude unzähliger Generationen. Sie haben sich mit diesen Worten zu ihrem Glauben bekannt, auch wenn sie deren Bedeutung im Einzelnen nicht immer verstanden. Man kann vielleicht sagen, es sei gut, von der Kindheit bis zum Tod mit einem Text zu leben, mit dem schon Jahrhunderte zuvor gelebt haben. Solche Dokumente kann man nicht einfach von heute auf morgen abschaffen. Selbst eine sinngerechte Zug-um-Zug-Übersetzung in die heutige Begriffs- und Vorstellungswelt erscheint problematisch.

Dennoch: Eine wie bisher praktizierte, unreflektierte und unterschiedslose Verwendung der alten Bekenntnisformeln, zum Beispiel in der Liturgie, steht in deutlicher Spannung zur Forderung des Zweiten Vatikanischen Konzils, die »Riten mögen den Glanz edler Einfachheit in sich tragen und knapp, *durchschaubar* und frei von unnötigen Wiederholungen sein. Sie seien *der Fassungskraft der Gläubigen angepasst und sollen im Allgemeinen nicht vieler Erklärungen bedürfen.«*[3]

Ich werde in den folgenden Ausführungen versuchen, zunächst in einem *ersten Teil* einen Zugang zum Verständnis von Bekenntnisformeln überhaupt zu eröffnen. Dafür scheint mir der schlichte Vergleich eines alttestamentlichen Glaubensbekenntnisses mit den christlichen Bekenntnissen sinnvoll und aufschlussreich.

Im *zweiten Teil* werde ich so kurz und knapp wie möglich die einzelnen Abschnitte des Apostolischen Glaubensbekenntnisses zu erklären versuchen – Satz für Satz. Ich ziehe dabei jüngste theologische Publikationen zu Rate. Für manche Leserinnen und Leser werden dabei altvertraute Vorstellungen zerbrechen. Aber ich hoffe auch, manchen unnötigen Ballast abbauen und neue Zugänge zu den Fundamenten unseres Glaubens schaffen zu können.

Im *dritten Teil* werde ich den Versuch einer Neuformulierung des Glaubensbekenntnisses vorstellen, die so hoffe ich, geeignet ist, für die damit Angesprochenen einen ersten, aber Erfolg versprechenden Ausgangspunkt für das Verständnis des ganzen christlichen Glaubens zu schaffen.

*Norbert Scholl*

# Erster Teil

## Bekenntnisformeln

Die hebräische Bibel kennt in ihren frühen Schichten kein Glaubensbekenntnis in unserem Sinn. Erst im Buch Deuteronomium, das in seiner heutigen Form seit dem fünften vorchristlichen Jahrhundert existiert, taucht ein Text auf, den Bibelwissenschaftler als das »*kleine geschichtliche Credo*« (G. v. Rad) bezeichnen:

*So sollst du vor dem Herrn, deinem Gott, sprechen: »Ein umherirrender Aramäer war mein Vater; der zog hinab mit wenigen Leuten nach Ägypten und blieb daselbst als Fremdling und ward daselbst zu einem großen, starken und zahlreichen Volke. Aber die Ägypter misshandelten uns und bedrückten uns und legten uns harte Arbeit auf. Da schrien wir zu dem Herrn, dem Gott unserer Väter, und der Herr erhörte uns und sah unser Elend, unsere Mühsal und Bedrückung; und der Herr führte uns heraus aus Ägypten mit starker Hand und ausgestrecktem Arm, unter großen Schrecknissen, unter Zeichen und Wundern, und brachte uns an diesen Ort und gab uns dieses Land, ein Land, das von Milch und Honig fließt. Und nun bringe ich dar die Erstlinge von den Früchten des Landes, das du mir gegeben hast, o Herr« (Dtn 26,5-11).*

Eigentlich handelt es sich gar nicht um ein Bekenntnis, sondern eher um eine erinnernde Erzählung. Dieses »Credo« berichtet von Ereignissen, die Menschen in der Vergangenheit widerfahren sind und die sie als Gotteserfahrungen deuteten. Es erzählt von einem Gott, der sich um Menschen kümmert, die in Not geraten sind: Er nimmt an ihrem Leben Anteil, er hört ihr Schreien, er kommt den Leidenden zu Hilfe, er errettet sie aus ihrer Knechtschaft und führt sie in die Freiheit. Kurz: dieser Gott will das Heil und das Wohlergehen der Menschen und arbeitet erkennbar daran mit.

Bemerkenswert ist, dass diese zeitlich weit zurückliegenden Geschehnisse von den gegenwärtig Lebenden auf sich selbst und ihren Alltag bezogen werden (»die Ägypter misshandelten *uns*, *wir* schrien ...«).

Doch es bleibt nicht beim erzählenden Bekennen. Wenn das »Credo« vom »wir« zum »ich« wechselt, werden praktische Konsequenzen genannt, die jeder Einzelne gleichsam als Echo auf das göttliche Heilshandeln zu ziehen hat: dankbares Gedenken und Gottesdienst. Im Kontext ist sogar davon die Rede, dass alle drei Jahre der Zehnte von der Ernte an Tempeldiener (Leviten), Fremde, Waisen und Witwen abzuliefern ist (Dtn 26,12 f.). Wer sich zu einem menschenfreundlichen, freiheitsliebenden Gott bekennt, muss selber menschenfreundlich und freiheitsliebend sein. Wer Heil von Gott erfahren hat, muss selbst Heilbringer für andere werden.

Das *christliche Glaubensbekenntnis* bezieht sich vor allem auf das Jesusereignis. Es ist freilich erst einige Jahrhunderte nach dem Tod Jesu entstanden, allerdings in einem anderen Kulturraum und in einer anderen Umwelt. Mit dem Eintreten des Christentums in die griechisch-römische Welt waren die jungen Gemeinden gezwungen, für sich selbst und für andere, für Fragende und Suchende, für Zweifelnde und Hoffende, Rechenschaft abzulegen über ihren Glauben an den Christus Jesus, an seine Botschaft und sein Leben und Sterben. Sie mussten sich dazu der Denk- und Sprechweise ihres aktuellen Umfeldes bedienen. Sie mussten ihr Bekenntnis aus dem semitischen in den griechisch-römischen Denkhorizont übertragen. Dazu war eine schwierige Übersetzungsarbeit erforderlich. So entstand in den ersten christlichen Jahrhunderten zunächst eine Vielzahl von Glaubensbekenntnissen, die vor allem im Hinblick auf bestimmte, konkrete Erfordernisse vor Ort formuliert waren. Die meisten dienten entweder der Glaubensunterweisung der Taufbewerber oder der Missionspredigt.

Die Entwicklung und Verbreitung überregionaler Bekenntnisformeln wurde bestärkt und gefördert durch das seit dem vierten Jahrhundert im Osten und später im Westen auch von politischen Interessen geleitete Anliegen, die Einheit der Kirche (und damit die Einheit der staatstragenden Religion) zu dokumentieren.

Vor allem zwei Bekenntnisformeln haben sich mehr und mehr in der gesamten Kirche durchgesetzt: das Apostolische und das Nizäno-Konstantinopolitanische Glaubensbekenntnis.

- Das *Apostolische Glaubensbekenntnis* ist in seiner heutigen Textgestalt erstmals belegt im beginnenden 8. Jahrhundert. Es stellt die erweiterte Form eines vermutlich im dritten Jahrhundert in Rom entstandenen und dort bei Tauffeiern verwendeten Bekenntnisses dar (daher auch die Ichform: »*Ich* glaube ...«). Die meisten Sätze dieses Bekenntnisses finden sich schon in der »Apostolischen Tradition« des Hippolyt von Rom (um 215). Spätestens im 13. Jahrhundert war das Apostolische Glaubensbekenntnis im gesamten Westen eine unbestrittene liturgische und theologische Größe. 1971 wurde es ökumenisch neu ins Deutsche übersetzt; leider war dabei für die Wendung »ecclesia catholica« eine einheitliche Fassung nicht zu erreichen (»*katholische* Kirche« in der römisch-katholischen Kirche – »*allgemeine* Kirche« in den Kirchen der Reformation).

- Das *Nizäno-konstantinopolitanische Glaubensbekenntnis* trägt eher die Handschrift der östlichen (»orthodoxen«) Kirche. Schon Bischof Cyrill von Jerusalem (+386) kennt eine fortlaufende Erklärung des Jerusalemer Taufbekenntnisses, das dem auf dem Konzil von Konstantinopel (381) verabschiedeten »Symbolum Nicaeno-Constantinopolitanum« sehr ähnlich ist. Die heute in der Liturgie verwendete Textform ist seit dem 8. Jahrhundert belegt.

Im Folgenden sollen beide Texte zum Vergleich nebeneinander gestellt werden.

| Apostolisches Glaubensbekenntnis | Nizäno-konstantinopolitanisches Glaubensbekenntnis |
|---|---|
| *Ich glaube an Gott<br>den Vater, den Allmächtigen,<br>den Schöpfer<br>des Himmels und der Erde* | *Wir glauben an den einen Gott,<br>den Vater, den Allmächtigen,<br>der alles geschaffen hat,<br>Himmel und Erde,<br>die sichtbare und die unsichtbare Welt.* |
| *und an Jesus Christus,<br>seinen eingeborenen Sohn,<br>unsern Herrn* | *Und an den einen Herrn Jesus Christus,<br>Gottes eingeborenen Sohn,* |
| | *aus dem Vater geboren vor aller Zeit:<br>Gott von Gott, Licht vom Licht,<br>wahrer Gott vom wahren Gott,<br>gezeugt, nicht geschaffen,* |

| | |
|---|---|
| | eines Wesens mit dem Vater; |
| | durch ihn ist alles geschaffen. |
| | Für uns Menschen und zu unserem Heil |
| | ist er vom Himmel gekommen, |
| | hat Fleisch angenommen |
| empfangen durch den Heiligen Geist | durch den Heiligen Geist |
| geboren von der Jungfrau Maria, | von der Jungfrau Maria, |
| | und ist Mensch geworden. |
| gelitten | Er wurde für uns gekreuzigt |
| unter Pontius Pilatus, | unter Pontius Pilatus, |
| gekreuzigt, gestorben und begraben | hat gelitten und ist begraben worden, |
| hinabgestiegen | |
| in das Reich des Todes, | |
| am dritten Tage auferstanden | ist am dritten Tage auferstanden |
| von den Toten | |
| | nach der Schrift |
| aufgefahren in den Himmel; | und aufgefahren in den Himmel. |
| er sitzt zur Rechten Gottes, | Er sitzt zur Rechten |
| des allmächtigen Vaters; | des Vaters |
| von dort wird er kommen | und wird wiederkommen |
| | in Herrlichkeit, |
| zu richten die Lebenden | zu richten die Lebenden |
| und die Toten. | und die Toten; |
| | seiner Herrschaft wird kein Ende sein. |
| Ich glaube an den Heiligen Geist, | Wir glauben an den Heiligen Geist, |
| | der Herr ist und lebendig macht, |
| | der aus dem Vater und dem Sohn |
| | hervorgeht, |
| | der mit dem Vater und dem Sohn |
| | angebetet und verherrlicht wird, |
| | der gesprochen hat durch die Propheten, |
| die heilige katholische Kirche, | und die eine, heilige, katholische |
| | und apostolische Kirche. |
| Gemeinschaft der Heiligen, | Wir bekennen die eine Taufe |
| Vergebung der Sünden, | zur Vergebung der Sünden. |
| Auferstehung der Toten | Wir erwarten die Auferstehung der |
| und das ewige Leben. | Toten |
| | und das Leben der kommenden Welt |
| Amen | Amen |

Im Vergleich zum jüdischen »kleinen Credo« wirken die Texte der beiden christlichen Glaubensbekenntnisse eigenartig statisch und feierlich-formelhaft. Die Erfahrung des befreienden und rettenden Handelns Gottes im Volk Israel wird nicht erwähnt. Der Gott des christlichen Glaubensbekenntnisses wird vorwiegend als überweltlich Seiender gesehen. Doch selbst dort, wo historische Begebenheiten im Zusammenhang mit dem Auftreten Jesu erwähnt werden, geschieht das nur sehr kurz und eher schematisch. Die Aussagen über Gott und über seinen »eingeborenen Sohn« wirken weltfern-abgehoben, blass und blutleer.

Die unterschiedlichen Akzentuierungen – »Dynamik« im jüdischen, »Statik« im christlichen Credo – dürften nicht ohne Bedeutung für das Glaubensverständnis, für das persönliche Gottesbild und Gottesverhältnis, und für die damit in engem Zusammenhang stehende Glaubenspraxis sein. Denn es kann nicht gleichgültig erscheinen, ob ich an einen Gott glaube, der das Schreien der Menschen hört, der sie aus Knechtschaft befreit, der sie in ein Land führt, »das von Milch und Honig fließt«, oder an einen Gott, von dem nichts anderes ausgesagt ist, als dass er »allmächtig« sei, dass er der »Schöpfer« ist, der »alles geschaffen hat, Himmel und Erde, die sichtbare und die unsichtbare Welt«, und dessen »eingeborener Sohn ... vom Himmel gekommen« ist.

Wenn Gott in so weite Ferne gerückt wird, »verdünnt« sich gleichsam jene Unmittelbarkeit, wie sie im jüdischen Credo zum Ausdruck kommt. Was als besonders fromm und ehrfürchtig erscheinen mag – Gott als den Hocherhabenen herauszustellen -, erweist sich in seiner Wirkungsgeschichte als kontraproduktiv. Der im Himmel Thronende wird dem menschlichen Alltag entrückt. Gottes Erhöhung führt zu seiner Entfremdung.

Das Schicksal der Entfremdung ereilt auch die historische Gestalt des Mannes aus Nazaret. Obwohl von ihm, dem »eingeborenen Sohn Gottes«, gesagt wird, er sei »für uns Menschen und zu unserem Heil ... vom Himmel gekommen«, wird nicht erwähnt, dass und wie die Menschen in der Umgebung Jesu einen ersten »Vor-Geschmack« dieses Heils auch tatsächlich erfahren haben. An Jesu Frohe Botschaft (»Selig ihr Armen ...«), seine Krankenheilungen und Dämonenbannungen, seine Sündermähler wird nicht erinnert. Von ihm wird nur gesagt, dass er »empfangen« ist »vom Heiligen Geist«, dass er »Mensch geworden« ist, dass er »gekreuzigt« wurde, »gelitten« hat, »begraben« wurde und »am dritten Tage auferstanden« ist. Wohl aber ergeht sich das Nizäno-konstantinopolitanische Glaubensbekenntnis in langen Spekulationen über die Gottgleichheit des »einen Herrn Jesus Christus«. Nach dem irdischen Intermezzo, das offenbar nur darin bestand, zu leiden, gekreuzigt und begraben zu werden, »fährt« der Sohn als der Auferstandene wieder in den Himmel auf, von dem er zuvor »gekommen« war. Der »Bruder der Geringsten« (vgl. Mt 25,40.45) nimmt einen »Sitz zur Rechten des Vaters« ein. Der arme Mann aus Nazaret, der keinen Ort hatte, wo er sein Haupt hinlegen konnte (vgl. Mt 8,20), wird umkleidet mit »Herrlichkeit«. Der »Diener aller« (Lk 22,27; Mk 9,35) steigt auf zum »Richter der Lebenden und der Toten«. Das alles wirkt befremdend unwirklich und fern. Der Gott und der Jesus des christlichen Credo berühren das konkrete Leben der Menschen hier und heute nur wenig.

Wer das christliche Glaubensbekenntnis spricht, erhält (anders als im jüdischen Credo) keine Anregungen, wie aus dem mündlichen Bekenntnis eine handlungsorientierte Praxis erwachsen kann (und soll). Ihm werden keine Impulse vermittelt, wie die auf historischen Tatsachen gründenden religiösen Erfahrungen zu hier und heute vorlebbaren *Tat*-Sachen führen können. Es wird nichts gesagt, wie die feierlich formulierte Glaubens-»Wahrheit« (Orthodoxie) in Glaubens-Praxis (Orthopraxie) umgesetzt werden soll. So kann leicht der Anschein entstehen, zum Christsein gehöre es vor allem, den »rechten« Glauben mit den »richtigen« Worten und Begriffen zu bekennen.

Die Gegenüberstellung der beiden christlichen Glaubensbekenntnisse und der Vergleich mit dem jüdischen »kleinen Credo«

machen deutlich, dass die sprachlichen Ausdrucksformen nicht allein bestimmt sind von den ihnen zugrunde liegenden Glaubenserfahrungen, sondern auch von den vorgegebenen und gängigen Deutungsmustern ihrer Zeit. Die Glaubensbekenntnisse sind wesentlich beeinflusst und mitgeprägt vom politischen, gesellschaftlichen und kulturellen Kontext der Umwelt, in der sie entstanden sind. Sie sind also relativ, d.h. bezogen auf die Situation ihrer Entstehung.

Das hat zur Konsequenz, dass bei der Veränderung dieser Umwelt, beim Aufkommen neuer Denk- und Deutemuster Probleme auftreten müssen, weil der konkrete, für jedermann zugängliche Verständnisrahmen nicht mehr vorhanden ist. Was die Menschen damals bewegte und sie zu dieser oder jener Formulierung ihres Glaubens veranlasste, kann schon ein Jahrhundert später nicht mehr aktuell sein. Was damals alle ohne weiteres verstehen und richtig deuten konnten, erscheint heute unverständlich und kann Anlass geben zu Fehldeutungen und Missverständnissen.

Um das zu verhindern, müssen die alten Begriffe und Formeln immer wieder neu auf ihre Inhalte befragt und interpretiert werden. Es gehört zu den fundamentalen Aufgaben einer verantwortungsvollen Theologie, die Erfahrungsfähigkeit tradierter theologischer Aussagen angesichts veränderter Rahmenbedingungen für die Gegenwart jeweils sicherzustellen und zu gewährleisten. Es obliegt ihr, Befangenheiten, Blindheiten, Argumentationstabus und Sprachbarrieren zu überwinden und die für einen reifen Glauben erforderlichen Verständniszugänge immer wieder neu zu erarbeiten. Nur so werden die Glaubenszeugnisse der Schrift und der Tradition (wieder) zu sprechen beginnen und neue Erfahrungen mit dem Glauben in der Welt von heute ermöglichen.

# Zweiter Teil

# Erklärungen zum Apostolischen Glaubensbekenntnis

## *Ich* glaube

Wer oder was ist eigentlich dieses »Ich«, das da von seinem Glauben spricht? Ist es die »Seele«, die sich der menschlichen Sprachorgane als Werkzeug bedient? Ist es der »Geist«, der sich hörbar Ausdruck verschafft? Ist das »Ich« der ganze Mensch – Leib, Geist und Seele? Wie kommt das Ich-Bewusstsein überhaupt zustande?

Verschiedene Antwortversuche sind im Laufe der menschlichen Geistesgeschichte auf die Frage nach dem Ich gegeben worden:

- Das Ich ist Ausdruck des Bewusstseins seiner selbst: *ich* zweifle, *ich* denke, *ich* entscheide, *ich* handle – und ich bin mir dessen bewusst.
- Das seiner selbst bewusste Ich erkennt sich als bezogen auf Anderes, vor allem auf ein menschliches, aber auch auf ein transzendentes, jenseitiges Du. Der Mensch wird am Du zum Ich (Martin Buber). Der Mensch ist eine »offene Person«, ein dialogisches Wesen.
- Das menschliche Ich ist nicht plötzlich von einem Augenblick auf den anderen da gewesen. Es hat sich vielmehr in einem »sehr allmählichen Übergang« aus dem Stadium des unbewussten Existierens (Embryo, Kleinkind) zum seiner selbst bewussten Ich entwickelt. Der Mensch ist Person-in-Evolution, Person-im-Werden.
- Das Ich ist nicht »Herr im eigenen Haus« (Sigmund Freud). Es ist bestimmten Ansprüchen und Anforderungen aus seinem Inneren, aus dem Unterbewusstsein (»Es«), und von außen (»Überich«) ausgesetzt. Diese muss es miteinander versöhnen und in Einklang zu bringen suchen (»Was ›Es‹ ist, soll ›Ich‹ werden«).

Im Bekenntnis des Glaubens schwingen alle diese Aspekte mit.

- »Ich« spreche ein bewusstes Ja zu den darin niedergelegten Glaubensaussagen. Mein Verstand hat das aufgenommen und kritisch geprüft, was »ich« im Bekenntnis als Glaubensinhalte benenne. »Ich« allein bin verantwortlich für meine mit vollem Bewusstsein gesprochenen Aussagen.
- »Ich« bekenne meinen Glauben nicht nur für mich selbst im stillen Kämmerlein, sondern auch in der Öffentlichkeit. »Ich« lege damit Zeugnis ab vor anderen Menschen und für andere Menschen, die diese Worte hören und die so zur Stellungnahme herausgefordert werden. Sie können sich dem An-Spruch

meines Bekenntnisses öffnen oder verschließen. Sie können meine gläubig-bekennenden Worte überhören oder ignorieren, kopfschüttelnd zur Kenntnis nehmen oder brüsk ablehnen, nachdenklich erwägen oder freudig annehmen. »Ich« bekenne meinen Glauben aber auch vor Gott. »Ich« bezeuge antwortend meine Dankbarkeit für das in der Geschichte auf vielfache Weise ergangene und erfahrbar gewordene Gotteswort. »Ich« bekunde mein Verwundern und Staunen über die machtvolle Schöpfungstat Gottes, über seine Zuwendung zu den Menschen in Jesus von Nazaret, über das heilbringende Wirken des Gottesgeistes in Zeit und Welt.

- »Ich« lebe in der langen Tradition des allmählichen Erwachens von Religion. »Ich« weiß mich verbunden mit den Uranfängen der Menschheit, in denen geschaffene Wesen tastend suchend und dunkel ahnend in ihren Bestattungsriten zum Ausdruck brachten, dass ihre Hoffnungen über das irdische Leben hinausreichen. »Ich« weiß mich wegen der allmählichen Entwicklung des Menschen aus dem Tierreich, ja aus der materiellen Welt überhaupt, verbunden mit allen Geschöpfen dieser Welt. Darum kann und darf »ich« mich nicht zum absoluten Herrscher über Tiere und Pflanzen, über Rohstoffe und Ressourcen, über Wasser und Ackerboden aufspielen und sie nach Gutdünken ausbeuten und zerstören. Wenn »ich« vor Gott und Menschen meinen Glauben an Gott, den »Schöpfer des Himmels und der Erde«, bezeuge, kann »ich« mir nicht absolute Verfügungsgewalt über »Himmel und Erde« anmaßen.
- »Ich« bin in meiner inneren Freiheit und Selbstbestimmung eingeschränkt und ständig gefährdet. »Ich« weiß darum, dass Glaube und religiöse Erfahrung auch unbewusste Voraussetzungen haben und dass deswegen in die Äußerungen des Glaubens neurotische Störungen und Ängste, irrationale Wünsche und Strebungen, Elternbindung und Kindheitsfixierungen, psychodynamische Mechanismen und Gewohnheiten einfließen können, die gar nicht immer sofort als solche zu erkennen sind.

Weil das »Ich« des Menschen ein derart komplexes und vielschichtiges Gebilde darstellt, ist zu erwarten, dass die unterschiedlichen Komponenten nicht immer im richtigen Verhältnis auszubalancieren sind. Es kann und wird vorkommen, dass der eine oder andere Aspekt entweder ständig dominiert oder zumindest in gewissen Situationen, zu bestimmten Zeiten, bei gegebenen Anlässen die Oberhand gewinnt. Das geschieht nicht nur aufgrund der individuellen Verfassung des Einzelnen, sondern auch aufgrund der Zugehörigkeit zu einer bestimmten Gesellschaftsschicht, zu einem Beruf oder in Abhängigkeit von einer modischen Zeitströmung. Meine Erlebnisse und Erfahrungen, meine gewordene und gewachsene Persönlichkeit fließen, ob ich es will oder nicht, in meine bewusste Auseinandersetzung mit dem Glauben ein. Das mag ich begrüßen oder bedauern. Es bleibt eine Tatsache.

Das Glaubensbekenntnis der Kirche ist immer und überall *mein* höchst individuelles, ureigenes, durch *mein* »Ich« begrenztes und eingefärbtes Bekenntnis.

# Ich *glaube*

## Verschiedene Arten von »glauben«

Im heutigen Sprachgebrauch begegnet »glauben« in verschiedener Bedeutung:

- Ich glaube *etwas* (... dass das Wetter heute schön bleibt).
- Ich glaube *einem etwas* (... auch wenn für mich die Sache selbst nicht nachprüfbar ist).
- Ich glaube *dir* (... die Sache steht nicht zur Debatte, weil du für mich eine glaub- und vertrauenswürdige Person bist).

- Ich glaube *an dich* (... es geht überhaupt nicht mehr um eine Sache, auch nicht um die Glaubwürdigkeit einer Person, sondern allein um die Person selbst, um das angesprochene »Du«).

Das christliche Glaubensbekenntnis beginnt: »Ich glaube *an* Gott«. Das bedeutet: Es geht nicht primär um irgendeine »Sache« oder um (Glaubens-)Wahrheiten. Vielmehr wird mit dieser Form des Bekennens ein personaler Bezug eröffnet, eine Ich-Du-Beziehung. »Ich glaube *an* ...« drückt eine Haltung, eine Einstellung, eine Gesinnung und Entscheidung aus. »Ich glaube an dich« gehört einem anderen Sprachspiel an als »ich glaube *etwas*« oder auch »ich glaube *dir* etwas«. Der Satz »Ich glaube *an* ...« bringt zum Ausdruck, dass es primär um einen Person-Bezug geht und erst sekundär um Inhalte, um ein »Etwas«.

Das Bekenntnis »Ich glaube *an* Gott« besagt: Beim Sprechenden ist eine personale Entscheidung vorausgegangen. Er hat eine für ihn bedeutsame Erfahrung gemacht. Er ist zu einer ihn ganz persönlich betreffenden und betroffen machenden Einsicht gelangt. Dieses Widerfahrnis hat eine Beziehung zu einem Du aufkommen lassen, das ihm nun als unbedingt und unumstößlich glaub-würdig erscheint, für das er sich mit seinem ganzen Lebensentwurf entschieden hat, das ihn zu einer tiefen inneren Sicherheit aufgrund persönlichen Vertrauens und Zutrauens führte. Dieser Glaube ist nicht Ausdruck mangelnden Wissens oder unzureichend begründbarer Annahmen. »Glaube« besagt hier unbeirrbare Festigkeit der Zustimmung. Er nährt sich aus dem unbedingten Ja zu einer Person, auf die ich mich ganz und gar verlassen kann und der ich rückhaltlos vertraue.

Der Glaube liegt so als eigene und einzigartige Verhaltensweise des Menschen gleichsam am Schnittpunkt von Wissen und Wollen. Er liegt näher bei der personalen, existentiellen Entscheidung als beim bloßen verstandesmäßigen »Für-wahr-Halten« einer vorgelegten (Glaubens-)Lehre.

Freilich darf auch personaler Glaube nicht blind und unvernünftig sein. »Der Glaube muss sich auf Einsicht und Vernunft zurückführen lassen, wenn wir es nicht mit den Phantasten halten wollen« (J.H. Newman[4]). Weder darf die Liebe blind machen, noch darf es der Glaube. Auch die Beziehung zu einer Person – und erschiene sie auf den ersten Blick noch so glaubhaft und vertrauenswürdig – bedarf kritischer Überprüfung und abwägender Reflexion.

## Das biblische Verständnis von »glauben«

In diesem Zusammenhang kann es hilfreich sein, sich an das zu erinnern, was die jüdisch-christliche Tradition unter »glauben« versteht.

Das *Alte Testament* kennt eine größere Anzahl von Wörtern und Wortstämmen, die jeweils Teilaspekte dessen wiedergeben, was mit »glauben« gemeint ist: *amán* (fest, sicher), *batáh* (trauen), *qiwwáh* (hoffen), *hikkáh* (harren), *hasáh* (sich bergen). Für den Einzelnen wie für das gesamte Volk gilt, dass Glaube die Existenzform des an Jahwe gebundenen Menschen meint. Es geht nicht um die Annahme von bestimmten Glaubenssätzen, nicht einmal um formale Zustimmung zu einem bestimmten Gottesbild, sondern um Antwort auf den sich in der Geschichte mitteilenden Gott: »Abraham glaubte dem (Wort des) Herrn, und das rechnete er ihm als Gerechtigkeit an« (Gen 15,6). Glaube ist Zutritt und Bleiben in einem Raum gottgewirkter Zuversicht: »Glaubt ihr nicht, so bleibt ihr nicht« (Jes 7,9). Darin findet der Mensch einen festen Stand, um sein Leben hoffend und vertrauend in die Hand zu nehmen. Es ist ein Sich-Bergen in Jahwe, bei dem der Mensch aber nicht aus seiner eigenen Verantwortung entlassen wird. Glaube wird zur Ermöglichung menschlicher Existenz überhaupt.

Auch im *Judentum* bedeutet »glauben« nicht mehr und nicht weniger als Vertrauen auf Gott, und es ist unabhängig von Glaubensinhalten oder Dogmen. Glaube bezieht sich als umfassendes Programm auf alle Bereiche des Lebens (Politik, Kultur, soziale und ethische Werte, Gottesdienst).[5] In diesem weit gefassten Verständnis des Glaubens liegen allerdings Gefahren, die offenkundig werden, wenn es um die Anwendung und Durchsetzung bestimmter Glaubensfragen in Staat und Gesellschaft geht. Hier stoßen nicht selten Interessengegensätze und Interpretationsfragen aufeinander, die zu heftigen Auseinandersetzungen und Verwerfungen führen können und deren Durchsetzung sich schließlich daran entscheidet, wer über die nötigen Machtmittel verfügt. Manche Vorgänge im heutigen Staat Israel zeigen das.

Das Glaubensverständnis im *Neuen Testament* liegt genau auf der vom Alten Testament vorgezeichneten Linie. Glaube ist die umfassende und grundlegende Antwort des Menschen auf das Heilshandeln Gottes, wie es nun vor allem im Wort und in der Tat Jesu erfahrbar und durch die Evangelien weitererzählt wird.

## »Glauben« in verschiedenen Sprachen

Nicht uninteressant ist ein Blick in die Sprachwissenschaft. Das deutsche Wort »glauben« und auch das englische »to believe« (dieses nur mit anderer Vorsilbe: be- statt g-) gehen zurück auf das germanische *ga-laubjan* »für lieb halten, gutheißen«. Es gehört damit zu der weit verzweigten Wortgruppe von »*lieb*«. Schon bei den noch nicht christianisierten Germanen bezog sich »glauben« auf das freundschaftliche Vertrauen eines Menschen zur Gottheit.

In der lateinischen Sprache wird für »glauben« das Wort »credere« verwendet, das wahrscheinlich abgeleitet ist von »cor dare« (= das Herz geben). Im griechischen »pisteuein« schließlich steckt das indogermanische »pasto« (= fest). »Glauben« hat hier die ursprüngliche Bedeutung »(sich) fest machen«.

Addiert man die Bedeutungsvarianten aller drei Sprachen zusammen, so ergeben sich interessante und aufschlussreiche Hinweise für das, was mit »Glauben« gemeint ist: Wer glaubt, der *gibt sein Herz* an etwas, das er *für liebenswert hält* und zu dem er deshalb *fest* und treu steht.[6]

## *Wir* glauben

Das Apostolische Glaubensbekenntnis war ursprünglich ein Bekenntnis, das der Neugetaufte abzulegen hatte. Daher erklärt sich die Singular-Form »Ich glaube«. Das Nizäno-konstantinopolitanische Bekenntnis hat zwar auch seinen Ursprung in einem Taufbekenntnis, es wurde aber in der vorliegenden Form im Wesentlichen auf dem so genannten Zweiten Ökumenischen Konzil von Konstantinopel (381) verabschiedet. Dieses Konzil hatte es sich zur Aufgabe gestellt, die Glaubenseinheit nach den Wirren des Arianismus wiederherzustellen und den christlichen Glauben gegenüber erneut aufkommenden Irrlehren abzugrenzen, zu »definieren« (lat. finis = Ende, Grenze). Das Bekenntnis diente also der Festigung der Einheit nach innen und der Abgrenzung nach außen. In einer solchen Situation sind nicht der Einzelne und sein Glaube gefragt, sondern der Glaube aller. Dazu erscheinen »Wir-Gefühl« und Zusammenschluss erforderlich.

Wer als Einzelner sagt: »*Wir* glauben«, bekundet seine Zugehörigkeit zu einer Glaubensgemeinschaft. Er bekennt nicht zuerst seine persönliche Glaubensüberzeugung, sondern die Überzeugung einer Gruppe, der er sich angeschlossen und deren Glauben er sich zu Eigen gemacht hat.

- »*Wir* glauben« – das kann dem Einzelnen Mut machen: Du bist nicht allein. Viele teilen deine Überzeugung. Sie werden dich stützen, wenn du zu wanken oder zu fallen drohst. Sie werden sich um dich kümmern, wenn du in Anfechtungen gerätst. Sie werden dich durch Zweifel und Unsicherheiten hindurchtragen. Hab darum keine Angst!
- »*Wir* glauben« – das kann den Einzelnen aber auch in Gewissensqualen stürzen, wenn er glaubt, dieses Bekenntnis nicht mehr aus Überzeugung mitsprechen zu können, es aber gleichzeitig nicht wagt, seinen inneren Konflikt innerhalb dieser Glaubensgemeinschaft aufzudecken: Was werden die anderen sagen? Werden sie mich verstehen? Oder werden sie mich als Zweifler oder gar als Abtrünnigen abstempeln?

Vor allem aber ist das »Wir«-Bekenntnis an Außenstehende gerichtet. Es kann besagen:

- »*Wir* (Christen, Katholiken, Protestanten ...) glauben« – alle sollen hören, mit wem sie es zu tun haben. Wir haben uns nicht zu verstecken. Wir halten mit unserer Überzeugung nicht hinter dem Berge, sondern legen offen, was uns umtreibt, was uns wichtig ist. Ihr könnt uns daran messen. Ihr könnt nachprüfen, ob wir das, was wir sagen, auch tun. Wir stellen unser Licht nicht unter den Scheffel, sondern auf den Leuchter, damit es alle sehen und sich daran orientieren können, wenn sie es wollen. Wir laden euch ein zum fairen Dialog und, wenn es sein muss, auch zum Streitgespräch.
- »*Wir* (Christen, Katholiken, Protestanten ...) glauben« – wir haben eine Überzeugung, aber wir sind lernbereit. Wir wissen, dass unser Glaube gewachsen ist. Wir wissen auch, dass wir noch tiefer in diesen Glauben eindringen müssen. Wir haben

das Geheimnis unseres Glaubens, der uns als Gabe und Aufgabe geschenkt ist, noch nicht ausgeschöpft. Wir sind noch immer unterwegs zur »Tiefe des Reichtums, der Weisheit und der Erkenntnis Gottes« (Röm 11,33). Wir laden euch ein, uns eure Erfahrungen mitzuteilen, uns von euren Wegen zu berichten und von eurer Gemeinschaft zu erzählen.

- »*Wir* (Christen, Katholiken, Protestanten ...) glauben« – so haben schon Generationen vor uns gesprochen. Dieser Glaube ist gegründet auf dem Fundament der Apostel. Er ist geheiligt durch die lange Tradition, auch in seinem Wortlaut, auch in seinen Begriffen – mögen auch manche Formulierungen heute etwas anderes aussagen als damals zur Zeit ihrer Entstehung. Daran halten wir unerschütterlich fest. Niemand darf es wagen, daran zu rütteln. Niemand darf den Versuch machen, den alten Glauben in neue Worte zu fassen!
- »*Wir* (Christen, Katholiken, Protestanten ...) glauben« – wir sind von unserer Sache so überzeugt, dass wir alle anderen Glaubensüberzeugungen nicht gelten lassen. Denn wir sind im Besitz des einzig wahren Glaubens. Die katholische Kirche ist die allein selig machende. Wir allein sind durch Gottes Gnade gerechtfertigt. Wenn ihr da draußen das nicht akzeptieren wollt, werdet ihr sehen, wo ihr noch landet. Den Glauben können wir euch nur vorlegen. Darüber zu diskutieren, kommt nicht in Frage. Entweder ihr nehmt ihn an, oder ihr lasst es bleiben. Die Wahrheit kann nicht durch Mehrheitsbeschluss ermittelt werden.

# Gott

## Das Wort »Gott«

Das deutsche Wort »(der) Gott« geht zurück auf das germanische »(das) guda«. Das Wort war ursprünglich ein Neutrum, weil männliche und weibliche Gottheiten damit zusammengefasst wurden. Der Ursprung des gemeingermanischen Wortes ist nicht sicher geklärt. Am ehesten ist anzunehmen, dass es sich dabei um die Ableitung aus einer Wortwurzel »ghau« (=anrufen) handelt. Dann wäre »Gott« als »das (durch Zauberwort) angerufene Wesen« zu verstehen. Das Wort kann aber auch zu einer Wortgruppe gehören, die mit »gießen« zusammenhängt. Dann bedeutet »Gott«: »Das, dem (mit Trankopfern) geopfert wird.«[7]

Völlig ungeklärt ist die Frage der Etymologie des griechischen Wortes für Gott »theós«. Seine Verwendungsspanne umfasst jede übermächtige Erfahrung, insbesondere das überwältigende, mächtige, beseligende Gegenüber, wie es in den alten Kulturen erfahren wird.[8]

Insgesamt lässt sich sagen, dass mit dem Wort »Gott« zwar durchaus Verschiedenes gesagt und gemeint wird. Dennoch liegen die unterschiedlichen Bezüge und Zusammenhänge, in denen »Gott« ins Spiel gebracht wird, nicht völlig auseinander und berühren nichts gänzlich Gegensätzliches. Das Thema bleibt immer gleich, nur die Variationen ändern sich.

## Missbrauch des Wortes »Gott«

Obwohl sich mit dem Wort »Gott« bei allen Völkern die Erfahrung von einem letzten und tiefsten Geheimnis verbindet, war und ist es vielfachem Missbrauch ausgesetzt. Das fängt an mit dem gedankenlos dahingesagten »Ach Gott, ach Gott«, »Herrgott nochmal!«, »Lieber Gott« und geht über jene, meist wohl kaum immer mit Bedacht ausgesprochenen Redensarten wie »Grüß Gott!«, »Gott sei Dank!«, »Vergelt's Gott!« bis zum Schlachtruf der Kreuzritter »Gott will es!« und zur Prägeschrift »Gott mit uns« auf den Koppelschlössern deutscher Soldaten.

Das Wort »Gott« ist, so sieht es der jüdische Religionsphilosoph Martin Buber, zum »beladensten aller Menschenworte« geworden. »Keines ist so groß besudelt, so zerfetzt worden ... Die Geschlechter der Menschen haben die Last ihres geängstigten Lebens auf dieses Wort gewälzt und es zu Boden gedrückt; es liegt im Staub und trägt ihrer aller Last. Die Geschlechter der Menschen mit ihren Religionsparteiungen haben das Wort zerrissen; sie haben dafür getötet und sind dafür gestorben; es trägt ihrer aller Fingerspur und ihrer aller Blut ... Wir können das Wort ›Gott‹ nicht reinwaschen, und wir können es nicht ganz machen; aber wir können es, befleckt und zerfetzt wie es ist, vom Boden erheben und aufrichten über einer Stunde großer Sorge.«[9]

## Gott erfahren

Doch wie kommen Menschen dazu, einen »Gott« anzurufen, ihm zu opfern, ihn als überwältigendes, mächtiges, beseligendes Gegenüber zu erfahren?

Ausgangspunkt für jede Erfahrung, auch für die Gotteserfahrung, ist diese unsere Welt, die wir mit unseren Sinnen wahrnehmen. Erfahren hat etwas mit Bewegung zu tun. Erfahrung gewinnt nur, wer die Fahrt in ein unbekanntes Neuland wagt.

Erfahrung beruht auf sinnlicher Wahrnehmung. Aber sie ist nicht nur ein flüchtiges Sehen oder ein oberflächliches Erleben, das keine weiteren Spuren im Leben hinterlässt. Auch kein sentimentales Beeindrucktsein. Erfahrung führt vielmehr zu einer bleibenden Erweiterung des Bewusstseins. Sie deutet das mit den Sinnen aufgenommene »Datenmaterial« und stellt Zusammenhänge mit dem bereits früher Wahrgenommenen her. Sie bemüht sich, hinter dem Durcheinander des vielen Einzelnen das große Ganze zu erkennen. Sie ist umfassend.

Erfahrung sieht aber auch tiefer. Sie denkt über das vordergründig Wahrgenommene hinaus. Sie überschreitet, transzendiert das materiell Greif- und Fassbare.

Was für die Erfahrung im innerweltlich-irdischen Rahmen gilt, besitzt auch Gültigkeit für die Erfahrung Gottes. Allerdings steht der Gotteserfahrung ein prinzipielles Hindernis entgegen. Denn es macht das Gott-Sein Gottes aus, dass er nicht zu dieser Welt gehört, dass er vielmehr der Jenseitige, diese Welt Übersteigende, der Transzendente, der »ganz Andere« (Karl Barth) ist. Gott und Welt stehen nicht auf einer Erfahrungsebene.

Trotzdem ist den Menschen kein anderes »Anschauungsmaterial« für die Gotteserfahrung gegeben als die materielle Welt. Wer Gott erfahren will, muss seine Sinne öffnen, um die Spuren Gottes in dieser Welt zu erkennen. Er muss seinen Verstand schärfen und das Herz »brennend« machen, um diese Spuren richtig zu deuten. Nicht wer aus der Welt hinausgeht, gelangt zu Gott, sondern wer tief und gründlich (den Grund suchend!) in die Welt hineingeht.

Freilich ist nicht jede Welterfahrung schon eine Gotteserfahrung. Da muss noch etwas hinzukommen. Welt-Erfahrung kann mich innerlich unberührt lassen. Sie muss mich nicht an-gehen (im Wortsinn!). Es kann aber auch sein, dass mich eine Wahrnehmung betroffen macht. Mit einem Mal merke ich: Dieses Ding, diese Situation, dieses Ereignis lassen mich nicht kalt, sie gehen mich an. Mir erschließen sich tiefere Zusammenhänge. Ein Hinter-Grund tut sich auf. Es steckt »mehr« hinter dem vordergründig Wahrgenommenen. So kommt es zu einem »Gespräch« zwischen dem Wahrgenommenen und mir. Das Wahrgenommene »spricht« mich an, hat mir etwas zu sagen, »offenbart« sich mir, regt mich zu weiterem Nachdenken an.

Solche Betroffenheit kommt allerdings nur dann zustande, wenn mich vorher schon eine vielleicht unausgesprochene, unbewusste Frage umgetrieben hat. Aber auch dann ist Erfahrung, auch Gotteserfahrung, nicht »machbar«. Interesse allein bringt noch keine Erfahrung zustande. Es muss die Situation hinzukommen, der rechte Augenblick, die günstigen Umstände. Erfahrung stößt mir zu – aus »Zufall«, aus »Fügung«, aus »Gnade«.

Ich möchte das an einem Beispiel verdeutlichen. Mit meinen Sinnen nehme ich einen Baum wahr, den ich als »Eiche« mit einem messbaren Umfang des Stammes und als Exemplar einer bestimmten Gattung definieren kann. Solche Wahrnehmung lässt mich zunächst wahrscheinlich kalt. Der Baum sagt mir (noch) nichts. Hundert- und tausendmal mag das so sein – und vielleicht zeit meines Lebens auch so bleiben. Aber einmal kann es passieren – »zufällig« -, dass dieser Baum mich anspricht. Dass er mir etwas sagt, was über das empirisch Messbare hinausgeht. Ich beginne, im Baum ein Sinnbild meines Lebens zu erkennen. Er sagt mir etwas über mein Verwurzeltsein in dieser Erde, über meine Standfestigkeit und mein Streben nach Licht. Die Wahrnehmung des Baumes bringt mein Nachdenken »in Fahrt«. Sie lässt mich eine Erfahrung machen. Nicht der Baum selbst ist diese Erfahrung. Sie zeigt sich nur an ihm, sie wird mir durch ihn vermittelt. Der Baum weist mir den Weg. Er fordert mein Nachdenken heraus. An dem vordergründig wahrnehmbaren Baum geht mir eine tiefer gründende Wahrheit auf. Das sinnliche Erfassen des Baumes führt zum Nachdenken über das verborgene Geheimnis des Lebens, meines Lebens. Der Baum konfrontiert mich mit einer neuen, anderen Wirklichkeit, die mit den Sinnen nicht mehr zu erfassen, die aber dennoch vorhanden ist. Solche Erfahrung mag dann – scheinbar – kaum noch etwas mit dem vor mir stehenden Baum zu tun haben. Sie geht über ihn hinaus. Die Realität »Baum« macht mir eine andere, sinnlich nicht mehr wahrnehmbare Realität durchsichtig. Mein Denken übersteigt die Wirklichkeit »Baum« auf eine unfassbare, aber nicht minder reale Wirklichkeit hin.

Solche Erfahrung kann noch weiter vorstoßen. Sie kann mich bis zu dem schlechthin Jenseitigen, dem alles übersteigenden Urgrund des Universums führen. Der Baum wird mir zum Symbol Gottes. Wie der Baum seine Kraft aus der Erde bezieht, so ist Gott meine Kraft und Nahrung. Wie der Baum fest gewurzelt in der

Erde steht, so ist mein Leben fest gewurzelt in Gott. Wie der Baum Ruhe und Geborgenheit ausstrahlt, so gewährt Gott meinem Leben Ruhe und Geborgenheit.

Allerdings: Eine solche Gotteserfahrung, vermittelt durch die Wahrnehmung eines Baumes, wird nur der machen, der schon ein irgendwie geartetes Interesse daran hat, den Dingen wirklich auf den letzten Grund zu gehen. Der daran glaubt, dass es hinter der sinnlich wahrnehmbaren Realität der Dinge noch eine tiefere, sinnlich nicht mehr wahrnehmbare, aber nicht minder reale Wirklichkeit gibt. Der davon überzeugt ist, dass die Dinge dieser Welt mehr zu sagen haben, als sie uns beim ersten Hinhören vernehmen lassen. Der sich nicht zufrieden gibt mit dem flüchtigen Augenschein, sondern sich darauf einlässt, »dahinter« zu schauen. Kurz: Der wenigstens anfanghaft glaubt, dass es ein unauslotbares »Mehr« gibt, eine unsagbare und unfassbare Kraft, die hinter den Dingen steht, ein Geheimnis, das alles trägt.

Es gibt auch heute noch Menschen, die solche »Gottesarbeit« (P.K Kurz) leisten, die solche Wege er-fahren. Sie »ahnen göttlichen Geist. Sie öffnen sich seiner namenlosen, das Leben steigernden, zu Zeiten wunderbar erfahrenen ›*mystischen Präsenz*‹. ›Präsenz‹ als intensives Dasein, Mitsein, Insein, als Hier- und mögliches Einssein meint mehr, als das deutsche Wort ›Gegenwart‹ sagen kann. Zu Präsenz zugelassene, in Präsenz getretene Menschen müssen sich nicht fortgesetzt argumentativ verteidigen noch rechtfertigen. Sie müssen nicht andere Menschen in Frage stellen, gering achten, angreifen ... Diese intensiv Gegenwärtigen sind jene *mystisch* Begabten, *mystisch* Zugelassenen, die sich dem göttlichen Geist in Gedanken, Worten, Bildern, inneren Erfahrungen, Begegnungen, in unscheinbar kommunikativen Handlungen geöffnet haben, im Hinblicken und Warten offen halten. Sie stehen mit den Füßen auf dem Boden. Sie arbeiten in der arbeitsintensiven Welt. Ihr Bewusstsein bewegt sich auf dem wissenschaftlichen Niveau der Zeit. Sie rechnen mit der schöpferischen Gegenwart Gottes. Sie halten sich dem Gespräch und meditativer Gegenwart offen. Ihr Aufmerken liest den Text der Welt anders als die bloßen Macher ... Ihr Hören und Sehen, ihr Denken und Fühlen hat sich vom Glaubensbewusstsein her anders in die Welt entwickelt. An der Welt sind sie wissenschaftlich, sozial und politisch interessiert. Aber ihr Erwachen hat noch eine andere Erfahrung aufgenommen. Sie erkennen im Text der Welt den *Metatext*, den ein Schöpfer in sie hineingelegt hat. Sie erfahren die Welt epiphanisch (durchsichtig, hintergründig, N.S.), herausragende Augenblicke sogar theophan (als Gotteserscheinung, N.S.). Sie dürfen in das Bewusstsein des heiligen Raumes, der heiligen Zeit, des heiligen Lebens, der heilenden und geheiligten Beziehungen eintreten. Sie ahnen den Lebensgott und – mit den Jahren auch den Gott, in den sie hinein sterben dürfen, hoffend, dass der ganz Andere sie ewig gestaltet.«[10]

Freilich: Alle Erfahrungen von Gott und mit Gott stehen immer unter dem Vorbehalt einer Ungleichheit bei aller Gleichheit. Jede Rede von Gott muss mit dem Zusatz versehen werden: »... in Wirklichkeit ist Gott aber ganz anders«. Alles Sprechen von Gott kann immer nur gleichnishaft sein. Wir »sehen« Gott in dieser Welt – und nur in dieser Welt -, aber »wie in einem Spiegel«. Wir erfahren ihn mitten in unserem Dasein – und nur dort -, aber in »rätselhaften Umrissen« (vgl. 1 Kor 13,12).

## Gotteserfahrungen im Volk Israel

Das christliche Gottesbekenntnis hat seine Wurzeln in den Gotteserfahrungen des Volkes Israel. Und die waren bunt und vielfältig. Zwar gab es ein ausdrückliches Verbot, sich von Gott ein Bild *her*zustellen (Ex 20,4), um auf diese Weise die Erfahrungen gleichsam zu fixieren und »begreif«-lich zu machen. Aber es war keineswegs verboten, sprachlich jene Bilder zu benennen, die sich bei der Gotteserfahrungen *ein*stellten. Die reichhaltige Palette solcher Gott-Bilder gibt ein beredtes Zeugnis davon: König, Liebhaber und Geliebter, Richter, Hirte, Schöpfer, Helfer, Sturmwind, Befreier, Mitgehender, Vater, Erzieher, Rächer, Revolutionär, Retter. Und auch: (stillende) Mutter, Geist (das hebräische Wort »ruach« ist weiblich! also: Geistin), gebärende Frau, Geburtshelferin, Israel ins Exil begleitende »Schechina« (von hebr. »wohnen«; das Wohnen Gottes unter den Menschen), Bärenmutter,

Adlermutter, Weisheit. »Diese Gott-Metaphern versinnbilden Gott, aber sie bilden ihn nicht ab; sie nennen ihn, aber sie legen ihn nicht begrifflich fest; sie sprechen sein Wesen und sein Wollen aus, aber sie leiten keinen Glaubenssatz daraus ab. Sie bilden Gott der menschlichen Vorstellungskraft ein, ohne die Menschen auf ein Bild – auf ihre eigenen Projektionen – zu fixieren« (J. Werbick[11]).

Aufgabe der Menschen ist es, die Vielfalt ihrer Erfahrungen immer wieder auf den sich darin manifestierenden einen und einzigen Gott zurückzuführen. Darum bezeichnet der Jude das alle diese Erfahrungen zusammenfassende Bekenntnis zu dem einen und einzigen Gott als »Gott *einigen*«.

Der »Name« dieses (einen und einzigen, weil »geeinten«) Gottes war/ist »Jahwe«. In der deutschen Einheitsübersetzung der Bibel wird »Jahwe« mit »Ich-bin-da« wiedergegeben (vgl. Ex 3,14). »Ich-bin-da« erscheint aber nicht sehr aussagekräftig; es wirkt statisch, unlebendig und unbeweglich. Neuere Schrifterklärer ziehen daher eine umschreibende und beschreibende, sinngemäße Übertragung vor: »Ich bin da und werde da sein als dein helfender und heilvoller Gott, was auch geschehe« (A. Deißler). Oder sogar – der im hebräischen Original verwendeten dritten Person entsprechend: »Er ist da und er will da sein so, wie er von seinem tiefsten Wesen her da sein will: nämlich als der, der befreit und vom Tod zum Leben hinüberführen kann und will« (E. Zenger[12]).

Einen interessanten und vor allem im Hinblick auf die zahlreichen *weiblichen* Gottes-Metaphern wichtigen Vorschlag macht Elizabeth A. Johnson. Sie meint, die Hartnäckigkeit, mit der bis heute nahezu ausschließlich an den patriarchal-*männlichen* Gottes-Metaphern festgehalten wird, stelle »nichts weniger als eine Übertretung des ersten Gebots des Dekalogs, nämlich die Verehrung eines Götzen« dar.[13] Darum schlägt sie als Übertragung des hebräischen Gottesnamens vor (im amerikanischen Original): »SHE WHO IS« (SIE *DIE* IST; in der deutschen Übersetzung des Buches wird dies allerdings wenig glücklich mit »ICH BIN *DIE* ICH BIN« wiedergegeben). E.A. Johnson begründet ihren Vorschlag, es müssten »andere Bilder eingeführt werden, die die Ausschließlichkeit der männlichen Metapher zerschmettern, ihre Herrschaft untergraben und eine größere Empfindsamkeit für das Gottesgeheimnis freisetzen.«[14] Ob dieses Ziel freilich mit der Einführung einer ausschließlich weiblichen Metapher erreicht wird, darf bezweifelt werden.

Es sei noch daran erinnert, dass der hebräische Gottesname bis heute von frommen Juden nicht ausgesprochen werden darf. In biblischer Zeit geschah das einmal im Jahr, am Yom Kippur, durch den Hohepriester im Allerheiligsten des Jerusalemer Tempels. Den Namen eines Menschen und erst recht den Namen Gottes zu kennen, bedeutet die Versuchung, Macht über ihn auszuüben. Durch das Verbot, den göttlichen Namen auszusprechen, wurde Israel wohl auch daran erinnert, dass nicht selten eine beträchtliche Gefahr für die Religion und für die religiöse Praxis gerade von jenen Menschen ausgeht, die meinen, Gott genau zu kennen und über sein innerstes Wesen Bescheid zu wissen. Ein (allzu) bekannter und gewusster »Gott« lässt den begründeten Verdacht aufkommen, nur Gebild von Menschenhand zu sein.

## Krise des Glaubens an Gott

Für nicht wenige Menschen unserer Tage ist nicht nur das von den Kirchen tradierte Gottes*bild*, sondern die Frage nach Gott überhaupt zum Problem geworden. Neuere Untersuchungen kommen zu dem Ergebnis, dass in den westeuropäischen Ländern zwar (noch) ein allgemeiner Gottesglaube mehrheitlich verbreitet ist. Doch die Vorstellungen, die sich mit »Gott« verbinden, sind weit gefächert. Der Glaube an einen »persönlichen« Gott im christlichen Sinn wird im europäischen Durchschnitt nur noch von einer Minderheit bejaht (35%) – mit Höchstwerten in Polen, Irland, Italien (80-70%) und Niedrigstwerten in Estland, Lettland, Tschechien (ca. 10%). Fast ebenso stark rückt ein deistisches Gottesbild (»höheres Wesen«, »geistige Macht«) in den Vordergrund – mit umso höheren Werten, je stärker die christlich-theistische Gottesvorstellung zurückgegangen ist. In Deutschland geben etwa zwei Drittel der Bevölkerung (Ost und West) an, sie würden »an Gott glauben«.[15] Alle einschlägigen sozialwissenschaftlichen Erhebungen belegen »eine Beschleunigung der Erosion des Gottesbegriffs als einer Grundkonsensformel in der Bevölkerung, eine Pluralisierung der Gottesbilder und vor allem, dass spezifisch christentümliche Gottesvorstellungen immer weniger einen gesellschaftlichen Grundkonsens abgeben könnnen, da sie in Ostdeutschland massivst — mit Zweidrittelmehrheit – abgelehnt, aber auch in Westdeutschland nur noch von einer Minderheit mit Zustimmung akzeptiert werden.«[16]

Die Ursachen für diese »Gotteskrise« (J.B. Metz) sind vielfältig. Zum einen mag es daran liegen, dass Menschen in einer industriellen Welt einen ländlich-bäuerlich geprägten Gott, wie er sich in der Bibel darstellt, nicht mehr erfahren können. »Mit einem aufgeklärten Bewusstsein kann man nicht spontan in archaische Mythen eintauchen. Raumzeitlich und im Bewusstsein weit entfernt von nomadischen Völkern, kann der verstädterte Mensch keinen Wüstengott erfahren.« Doch die Krise der Gotteserfahrung, hervorgerufen durch ein verändertes Bewusstsein und eine andere Lebenssituation, wird durch die Tatsache dramatisch verschärft, dass »der ins Leben fließende Gott Abrahams« durch seine Verkündiger »kanalisiert« wurde »in Orthodoxie, enggeführt, aufgestellt, geufert in kirchlichen Konkretionen. Der Wegegott wurde eingesperrt in Denk- und Verhaltensschemata. Er musste sich niederlassen als Ansässiger, dem die Verwaltung über die Schulter schaut.« Ist folglich »die so genannte Gotteskrise in aufgeklärten Gesellschaften« vielleicht (nur) »die Krise des Kirchengottes, des fixierten, katechetisch abgepackten, obrigkeitlich überwachten, zensurierten, verwalteten Gottes?«[17]

Die Frage erscheint allzu berechtigt. Da finden sich zum Beispiel im Inhaltsverzeichnis eines katholischen Dogmatik-Kompendiums, das eine ganze Theologengeneration zur Vorbereitung aufs Examen benutzte, folgende Formulierungen: »Die theologische Bestimmung des Wesens Gottes ... Die theologische Erklärung des Trinitätsdogmas ... Spekulative Erklärung der innergöttlichen Vorgänge ... Die göttlichen Relationen und Personen.«[18] Ein derartiges »Bescheidwissen« über Gott weckt die Vermutung, dass es sich hierbei um ein blutleeres Gedankenkonstrukt, um theologische Phantasterei, um kirchenamtlich fixierte Ideologie handelt. Solch spitzfindige Theologisiererei lässt die Frage aufbrechen, ob es sich bei »Gott« tatsächlich um eine erfahrbare Realität oder nur um bloße Fiktion handele.

Für den Theologen und Schriftsteller Paul Konrad Kurz bedeutet die »sprachliche Wiederholung lehrhafter Sätze« durch Jahrhunderte hindurch – wie sie etwa auch im christlichen Glaubensbekenntnis praktiziert wird – eine »ungeheure Gefahr«: »Die Konfrontation des ›Geglaubten‹ mit individueller Erfahrung von Gruppen wird gemieden, sogar ausgeschlossen, auf dass das Bild von Gott, die Begriffe und Sätze von ›Gott‹ nicht verletzt werden ... Es fehlt solcher Rede der sinnenhafte, lebenserfahrene, sprachlich zu leistende und zeitgeschichtlich zu konkretisierende Kontext des Sprechers wie der Angeredeten. Die aus Begriffen und Versatzstücken gesetzte Rede bleibt fad, salzlos, geistlos. Die sprachenergetische Kommunikation findet nicht statt. Niemand wird mit der Energie der Botschaft in seinem Denken, Fühlen und Erinnern sprachlich aufgeladen.«[19]

Theologische *Lehr*formeln, die sich bei genauerem Nachforschen nur allzu rasch als *Leer*formeln entpuppen, stoßen heute weithin auf Skepsis und Ablehnung. An die Stelle der Rede von »Gott« tritt darum vielfach die Rede vom »Göttlichen«. Gott wird – wenn überhaupt – eher a-personal gedacht – als »letzte, tiefste und alles begründende Wirklichkeit«, die »sich in der gesetzlichen Harmonie des Seienden offenbart« (A. Einstein), als »das

Unendliche in allem Endlichen, das Sein-Selbst in allem Seienden« (H. Küng), als »das, was mich unbedingt angeht« (P. Tillich), als das »schlechthin Absolute«, als das »absolute Geheimnis« (K. Rahner), als der (oder das) »ganz Andere« (K. Barth, M. Horkheimer).

Freilich ist dieser Trend zur »Entpersönlichung« des Gott-Denkens keineswegs neu. Eine lange Tradition christlicher Theologie hat immer wieder die mystische Seite des Ganz-Anderen, des Unsagbaren, des Unaussprechlichen in die traditionelle Glaubens- und Frömmigkeitsgeschichte zu integrieren versucht. Sie konnte sich dabei auf das alttestamentliche Bilderverbot berufen: »Du sollst dir kein Gottesbild machen, in keinerlei Gestalt« (Dtn 5,8; vgl. Ex 20,4). Also auch kein Bild von Gott als »Person«.

Doch kann man zu einem »absoluten Geheimnis« beten? Kann man es mit »du« ansprechen? Kann man zu ihm sagen: »Vater unser«? Kann man erwarten und erhoffen, dass eine »letzte, tiefste und alles begründende Wirklichkeit« das Gebet der Menschen irgendwie »hört« und ihnen »antwortet«? Andererseits: Wenn Gott tatsächlich die »letzte, tiefste und alles begründende Wirklichkeit« und damit auch der schöpferische Urgrund aller Menschen ist (und das glauben Christen), dann muss er auch irgendwie ein »Du«, eine ansprechbare »Person«, ein hörendes und antwortendes »Gegenüber« sein. Wie sollte ein gefühlloses, stummes, taubes und blindes »Etwas« (in wie auch immer gearteter Weise) letzter hinreichender Grund für ein fühlendes, sprechendes, hörendes und sehendes Wesen namens Mensch sein können?

Und ist nicht auch unter Menschen eine »nonverbale Kommunikation«, ein sprachloses Miteinander-in-Beziehung-Treten möglich? Es gibt viele Formen gegenseitiger Kontaktaufnahme – ein Blick, ein Lächeln, ein Händedruck, eine Umarmung oder einfach nur das stille Miteinander. Menschen, die einander lieben, brauchen sich nicht fortwährend anzusprechen. Das gemeinsame

Schweigen zweier Menschen muss nicht immer Zeichen der Trennung und des abgebrochenen Dialogs, es kann auch Zeichen inniger und tiefer Verbundenheit sein. Warum sollte nicht auch das Schweigen, die wortlose Rede, der »viel sagende« (Auf-)Blick die Menschen mit Gott (und Gott mit den Menschen) verbinden können?

Diese eher »indirekte« Weise des »Sprechens mit Gott«, das wir auch Beten nennen können, kommt der heutigen Praxis des Glaubens und der heutigen Erfahrung des Göttlichen entgegen. Denn selbst in einer – scheinbar – völlig materialistisch gewordenen Welt wie der unseren ist das religiöse Bedürfnis nicht geschwunden, ist das tastende, ahnungsvolle Suchen nach dem Letzten und Eigentlichen nicht abhanden gekommen, ist die heimlich-unheimliche Sehnsucht nach dem Göttlichen nicht erloschen. Auch moderne, nicht kirchlich orientierte Menschen »beten« – nicht zum transzendenten, personalen Gott der christlich-monotheistischen Tradition, sondern zu einer »absoluten Wirklichkeit«, zu einer »universalen Kraft des Alls«, zu einem »Unsagbaren und Unaussprechlichen«, zu einem »letzten und tiefsten Geheimnis«. Der moderne Mensch fühlt sich wieder eher jener »Theologia negativa« verbunden, wie sie schon einmal im Mittelalter – etwa bei Meister Eckehart – verbreitet war: Ich kann von Gott eher aussagen, was er nicht ist, als was er ist.

Eine wichtige Beobachtung lässt sich darüber hinaus bei den Psalmen des Alten Testaments machen. Obwohl es Gebete sind, die sich *an* Gott wenden, sprechen sie nicht selten *von* Gott in der dritten Person. Der Dichter des Psalms 22 schreit seine Verzweiflung in direkter und unmittelbarer Anrede heraus: »Mein Gott, mein Gott, warum hast du mich verlassen?« Anders der Beter des Psalms 23; er führt scheinbar ein Selbstgespräch: »Der Herr ist mein Hirte, nichts wird mir mangeln. Er lässt mich lagern auf grünen Auen und führt mich zum Ruheplatz am Wasser. Er stillt mein Verlangen; er leitet mich auf rechten Pfaden, treu seinem Namen« (Ps 23,1-3). Und doch wird niemand sagen können, nur im Psalm 22 handle es sich um ein »echtes« Gebet, nur der Beter des Psalms 22 sei sich der Gegenwart Gottes bewusst, weil er Gott direkt mit »du« anrede.

- Beten, Sprechen mit Gott, kann sein: Ein tastendes, zaghaftes Suchen, wie es etwa in den Worten einer im Alter von 44 Jahren an Krebs gestorbenen Frau zum Ausdruck kommt: »Bei mir bildet sich nach und nach etwas wie ein Sinn heraus, eine Macht, nach der ich lange gesucht habe und ohne die ich vielleicht nicht leben könnte. Benennen kann ich es noch nicht, nur die Richtung zeigen; es ist der Glaube an eine Kraft, die in allem wohnt, ein Lebensgesetz in allem Lebendigen, das man nicht ungestraft verletzen kann.«[20]
- Beten, Sprechen mit Gott, kann sein: Die Welt in ihrer geheimnisvollen Schönheit wahrnehmen. Staunend die Wunder des Mikro- und Makrokosmos betrachten. Den großen Menschheitsfragen nach Anfang und Ende der Welt, nach Woher und Wohin menschlichen Lebens, nach Zeit und Ewigkeit, nachgehen. Die alltäglichen Erfahrungen und Herausforderungen des Menschenlebens – Liebe und Vertrauen, Hoffnung und Glaube, Verantwortung und Freiheit, Schuld und Vergebung, Spiel und Feier – reflektieren. Die Grunderfahrungen der menschlichen Existenz – Leid und Tod, Sinn und Unsinn – meditieren. Sich in Ver-antwortung nehmen lassen von den Herausforderungen des menschlichen Alltags und der Geschichte, in Gesellschaft und Politik.
- Beten, Sprechen mit Gott, kann sein: Die vielen merkwürdigen Fakten, Zeichen, Ereignisse, Situationen, Erlebnisse und »Zufälle«, die es in der Lebens- und Leidensgeschichte jedes Menschen gibt, zum Anlass tieferen Nachdenkens nehmen und auf ihre religiöse Dimension befragen. Die ganze Tagesordnung der Welt, die herausragenden und die oft unscheinbaren, aber bedenkenswerten Ereignisse des Tages aufgreifen, problematisieren, beleuchten, hinterfragen. Sich mit dem Vor-

dergründigen und Oberflächlichen nicht zufrieden geben, sondern immer wieder hartnäckig die Frage stellen: Warum ist das eigentlich so? Ist das wirklich schon die letzte Erklärung? Könnte vielleicht mehr dahinter stecken?

Vielleicht kann solches Beten und Fragen, solches Suchen und Tasten, solches Meditieren und Reflektieren zu jener Antwort führen, die der Religionspädagoge Adolf Exeler (1926-1983) auf die Frage gab, wie er sich Gott vorstelle:

Wenn ich sagen soll, wie ich mir Gott vorstelle, verschlägt es mir die Sprache, und alles, was ich sagen kann, ist weit weg von dem, was ich empfinde. Aber vielleicht ist es besser, zu stammeln als zu verstummen. Kürzlich wurde mir das bei einer Meditation geradezu überfallartig deutlich, und ich konnte nur einen einzigen Satz denken, in immer neuen Formulierungen: ›Gott ist größer.‹

Wir – damit meine ich auch mich selbst – sind immer in Gefahr, uns Gott viel zu klein und zu eng vorzustellen, zu feierlich, zu ›kirchlich‹, zu ›fromm‹, als ob er nur für bestimmte Bezirke unserer menschlichen Existenz zuständig sei. Gott ist an allem interessiert, sogar an den Haaren auf unserem Kopf. Jesus hat es gesagt.

Gott ist größer: Wenn ich anfange, mir Gott vorzustellen, dann spüre ich, dass mich dabei etwas stört: ob er die Menschen nicht doch im Leid allzu sehr im Stich lässt; ob er sich nicht doch etwas deutlicher erfahrbar machen könnte ...

Gott ist größer. Er sprengt alle meine Vorstellungen. Er lässt sie aufspringen wie die Kapsel einer reifen Frucht. ›Vater‹ – ja, aber unendlich mehr; ›tragender Grund‹ – ja, aber unendlich mehr. Ich darf ›du‹ zu ihm sagen, bei allem tiefen – und zugleich seligen – Erschrecken über den unendlichen Abstand ...

Gott ist größer, das heißt auch: Er kennt mich, besser als ich mich selber kenne. Er liebt mich, mehr als ich selbst oder jemand mich liebt. Er will mein Glück, mehr als ich selbst oder jemand anderes es will. Aber er will auch, dass ich alle meine guten Kräfte zur Entfaltung bringe, statt träge hinter meinen Möglichkeiten zurückzubleiben. Er fordert mich heraus; er will, dass ich immer von neuem aufbreche, heraus aus der viel zu intensiven Beschäftigung mit meinem alltäglichen kleinen Ärger, offen für seine unendliche Weite und Freiheit.[21]

Aufgabe aller, die sich von Gott ergriffen und getrieben fühlen, die zweifelnd und hoffend an ihn glauben und die andere Menschen zu diesem je größeren Gott führen möchten, wird es sein müssen, in Zukunft bei der Rede von Gott wieder eine Sprache zu sprechen, die dem Geheimnis Gottes angemessen ist, eine Tonlage zu finden, die klar und unmissverständlich, gleichzeitig aber sehr gedämpft und leise ist, Neugier und Sehnsucht zu wecken nach dem je Größeren, Erfahrungen zu vermitteln, die jedem Suchenden und Fragenden in dieser unserer Welt zugänglich sind.

# Vater

## Gott als »Vater« (und »Mutter«) in den Schriften des Alten Testaments

Es sind sehr unterschiedliche Erfahrungen, die Israel mit seinem Gott machen durfte und machen musste. Menschlichem Bedürfnis entsprechend lag es nahe, diese Begegnungen zu benennen und zu beschreiben. Dafür boten sich vertraute Begriffe und allseits bekannte Bilder aus der Welt der Menschen an: König, Herr, Hirte, Kriegsheld, Richter, Gesetzgeber, Vater (hebr.: *ab*; bei Zusammensetzungen: *abi*).

Einer der ältesten Belege für die Bezeichnung Jahwes als »Vater« findet sich in der Natan-Verheißung an König David: »(So spricht der Herr:) Wenn deine Tage erfüllt sind und du dich zu deinen Vätern legst, werde ich deinen leiblichen Sohn als deinen Nachfolger einsetzen und seinem Königtum Bestand verleihen ... Ich will ihm Vater sein, und er wird für mich Sohn sein« (2 Sam 7,12. 14). Im weiteren Verlauf der Geschichte Israels wird der Gedanke einer »Vaterschaft« Jahwes auf das ganze Volk ausgeweitet. Jahwe ist wie ein Vater (bzw. wie eine Mutter), der seinen (die ihren) »Sohn aus Ägypten ruft« (Hos 11,1). Schließlich wird das Gott-Vater-Bild ins Universale ausgedehnt. Jahwe, der Schöpfer der Welt, erscheint als Vater aller Menschen: »Du bist, Herr, unser Vater. Wir sind der Ton, und du bist der Töpfer. Wir alle sind das Werk deiner Hände« (Jes 64,7).

Es ist nur konsequent gedacht, wenn die Universalität des Vater-Seins Gottes letztendlich dazu führt, in Jahwe auch den Gott zu sehen, der sich in ganz persönlich-individueller Weise als Vater zeigt und den man daher in Nöten und Gefahren um Hilfe anrufen kann: »Herr, Vater und Gebieter meines Lebens, bringe mich durch sie (die Gegner) nicht zu Fall! Herr, Vater und Gott meines Lebens, überlass mich nicht ihrem Plan!« (Sir 23,1.4).

Die biblische Bildrede von Gott, dem »Vater«, besagt: Gott ist ein helfender und befreiender, ein führender und fürsorgender Gott. Er wohnt bei den Geringen und Verachteten, bei den Kleinen und Ohnmächtigen, bei den Schutzbedürftigen und Hilflosen.

Häufig wird heute darauf hingewiesen, dass Gott in den Schriften des Alten und des Neuen Testaments nicht nur als »Vater« sondern auch – allerdings nicht ausdrücklich, sondern nur indirekt – als »Mutter« dargestellt ist. Ein besonders eindrucksvoller Beleg findet sich beim Propheten Hosea: »Als Israel jung war, gewann ich es lieb, aus Ägypten rief ich meinen Sohn. Doch wie ich sie rief, so liefen sie von mir weg. Sie opferten den Baalen, den Bildern räucherten sie. Dabei war ich es doch, der Ephraim *gestillt*[22] hat, indem ich ihn auf meine Arme nahm ... Und ich war für sie wie solche, die *einen Säugling an ihren Busen heben*, und ich neigte mich zu ihm, um ihm zu essen zu geben« (Hos 11,1.2-4; vgl. auch 11,7-9; Num 11,12; Dtn 32,18).

Dass auch in die christlichen Glaubensbekenntnisse in Bezug auf Gott-»Vater« Formulierungen Eingang gefunden haben, die im profanen Sprachgebrauch für die Frau vorbehalten sind, wird häufig übersehen. So lehrt schon das Konzil von Nicaea (325): »(Wir glauben) ... an den einen Herrn Jesus Christus, Gottes ein(zig)*geborenen* Sohn. Er ist aus dem Vater *geboren* vor aller Zeit.«

Sowohl bei der Rede von Gott als »Vater« wie als »Mutter« handelt es sich um Bilder und Idealvorstellungen, die menschlicher Erfahrung und Anschauung entnommen sind und die keine andere Funktion haben, als einen jenseitigen Gott den Menschen näher zu bringen. In Wahrheit ist Jahwe kein sexistischer Gott und sein biologisches Geschlecht spielt keine Rolle.

## Jesu Rede von Gott, dem »Vater«

Auch Jesus spricht immer wieder von Gott als einem »Vater«. Vor allem in den Gleichnissen entwickelt er diese Erfahrung weiter und verstärkt sie noch. Gott versagt sich nicht dem dringenden Hilferuf der Menschen (vgl. Lk 11,5-8); er verhilft den Bedrängten zu ihrem Recht (vgl. Lk 18, 1-8); er lässt die Niedergeschlagenen nicht im Stich (vgl. Lk 10, 29-37); er lädt die Armen und Krüppel, die Blinden und Lahmen, ja »die Leute« schlechthin zum großen Festmahl (vgl. Lk 14, 15-24); er schaut nicht auf das Ansehen der Person, sondern auf ein ehrliches und bescheidenes Herz (vgl. Lk 18, 9-14); er geht den Ausgeflippten voller Liebe entgegen (vgl. Lk 15, 11-32); er kümmert sich sogar um die hoffnungslosesten Fälle (vgl. Lk 15, 3-7); er erwartet freilich auch Rechenschaft über die geschenkten Talente (vgl. Mt 25,14-30). Zu diesem Gott kann man vertrauensvoll beten und ihm auch die alltäglichen Anliegen sagen: »Vater unser« (Mt 6, 9). In einem Doppelgleichnis vergleicht Jesus schließlich ausdrücklich Gott mit einem Mann und einer Frau: Gott ist wie ein guter und verständnisvoller Vater und wie eine umsichtige und fürsorgende Hausfrau (vgl. Lk 15, 8-10).

Auch sein Handeln bringt Jesus in enge Verbindung mit dem Wirken des väterlich-mütterlichen Gottes. »Mit dem Finger Gottes« treibt er die Dämonen aus (Lk 11, 20) – wie Jahwe, der

»größer als alle Götter« ist (Ex 18, 11). Er verkündet »den Gefangenen die Entlassung« (Lk 4, 18) – wie Jahwe, der die »Gefangenen hinaus in das Glück« führt (Ps 68, 7). Er schenkt »den Blinden das Augenlicht« (Lk 4, 18) – wie Jahwe, der »den Blinden die Augen öffnet« (Ps 146, 8). Er setzt die »Zerschlagenen in Freiheit« (Lk 4, 18) – wie Jahwe, der sein Volk »freigekauft und mit starker Hand aus Ägypten geführt« hat (Dtn 9, 26).

Besonders fällt offenbar jenen, die mit Jesus zusammen sind, das vertraute und innige Verhältnis auf, das er im Umgang mit Gott, dem »Ich-bin-da«, an den Tag legt. Gott ist für ihn nicht der Ferne, Erhabene, Jenseitige, sondern der nahe und innige Vertraute, den er so anredet, wie die Kinder in Israel in ihrer aramäischen Muttersprache den Vater anreden: abba – Papa, lieber Vater (Mk 14,36). In Jesus glauben jene Menschen, die ihm begegnen und ihn begleiten, das Antlitz des Vaters selbst wahrnehmen zu können. Wer Gott, den Vater, erkennen will, braucht nur auf Jesus, auf sein Wort und Werk zu schauen (vgl. Joh 14, 8 f.).

## Gott-Vater und die Vater-Problematik in der heutigen Gesellschaft

Die Bildrede von Gott, dem »Vater«, ist unter bestimmten gesellschaftlichen und ökonomischen Verhältnissen entstanden und hat Eingang ins christliche Credo gefunden. Im Vorderen Orient war der Vater das unumstrittene Haupt der Familie oder der Sippe. Er besaß für sein Tun und Lassen weitgehende Ermessensfreiheit und willkürliche Verfügungsgewalt über alle ihm unterstellten Familien- oder Sippenmitglieder, über die Bediensteten und Sklaven. Gleichzeitig kam ihm auch die Funktion eines Schutzherrn in allen rechtlichen und wirtschaftlichen Angelegenheiten zu. Diese Vorstellungen haben sich zweifellos auch mit dem Gedanken an Gott, den Vater, verbunden.

Inzwischen haben sich die sozialen Verhältnisse geändert. Die natürlichen Grundlagen der Autorität, die dem Vater als dem Erhalter und Mehrer des häuslichen Besitzstandes, als dem lebenserfahrenen, lehrenden Vermittler ökonomischer und politisch-sozialer Lebenspraxis und kulturellen Erbes zuerkannt wurde, sind in einem vielschichtigen historischen Prozess abgebaut worden und nicht selten gänzlich verloren gegangen. Die Trennung von Wohn- und Arbeitsstätte, die anonymen Gesetzmäßigkeiten des Marktes und der gesellschaftlichen Großorganisationen lassen die Macht des Vaters schwinden. Nicht selten wird der »Vater« als einer erfahren, der seine Familie im Stich lässt, um seinen beruflichen Ambitionen nachzugehen, der die Arbeit mit den Kindern oder im Haus der Frau überlässt und selber »seine Ruhe haben will«. Eine wachsende Verunsicherung über die Geschlechterrollen hat die überkommene Aufgabenverteilung von väterlicher Macht und mütterlicher Liebe weitgehend aufgehoben. Emanzipation und Berufstätigkeit der Frau erzwingen Partnerschaft in Familie und Kindererziehung. In jüngster Zeit bringen Arbeitslosigkeit (häufig verbunden mit dem Gefühl des Versagens) und der ansteigende Trend zur allein erziehenden Mutter das Bild vom starken Vater vollends ins Wanken. Es gibt keine »mächtigen« Väter mehr, auch wenn manche meinen, sie könnten ihre Ohnmacht durch willkürliches und brutales Verhalten, durch Vergewaltigung ihrer Ehefrauen oder durch Kindesmisshandlungen kaschieren. Und nicht selten wird gerade bei diesen schwachen Vätern der Ruf nach dem »starken Mann«, nach politischen oder religiösen Vater- und Führerfiguren, am lautesten erhoben.

Schon vor Jahren hat Alexander Mitscherlich die viel beachtete und dann zitierte These vertreten, wir befänden uns »auf dem Weg zur vaterlosen Gesellschaft[23].« Angesichts dieser Situation erhebt sich die Frage, ob die »Entmachtung« der natürlichen Väter auch eine Entmachtung des übernatürlichen Gott-Vaters zur Folge hat. Führt das Leben in einer »vaterlosen Gesellschaft« zu einer Krise des Glaubens an den Vater-Gott, an den ich deshalb nicht mehr glauben kann, weil ich keine »Väter« mehr erfahre? Ist das Bekenntnis zu einem »Gottvater in vaterloser Gesellschaft« (Y. Spiegel) noch sinnvoll?

Der häufige Gebrauch dieses Bildes in der Bibel und vor allem durch Jesus selbst spricht für eine Beibehaltung des Bildes. Das »Vaterunser« lässt sich nicht umschreiben. Der Archetyp »Vater« ist tief in die Vorstellung jedes Menschen eingeprägt. Mit ihm wird sich trotz aller gegenteiligen Erfahrungen auch weiterhin die Vorstellung von Macht und Herrschaft einerseits und von (der Hoffnung auf) Schutz und Hilfe für seine Kinder und die ihm Anvertrauten andererseits verbinden. Die Rede von Gott als »Vater« vermag, die Sehnsucht danach lebendig zu erhalten. Ob diese Sehnsucht auch einzulösen ist angesichts einer Welt voller Enttäuschungen und voller Ohnmachtserfahrungen mit dem Gott-Vater-Bild, bleibt eine offene Frage.

## Der Allmächtige

Diese »Eigenschaft« Gottes wird bezeichnenderweise als einzige im Glaubensbekenntnis erwähnt, und das gleich zweimal. Es hat den Anschein, als ob das Wichtigste von dem, was die Bibel von Gott zu erzählen weiß, seine (All-)Macht wäre. Das mag vielleicht für manche Abschnitte der Schrift zutreffen – etwa für die Erzählungen von der machtvollen Errettung des Volkes aus ägyptischer Knechtschaft oder für die Bezeugung der Hoffnung auf den endgültigen Sieg Gottes über alle widergöttlichen Mächte in der Offenbarung des Johannes.[24] Aber zumindest für Jesus stehen Macht und Machtausübung Gottes keineswegs im Mittelpunkt seiner Botschaft. Genau das Gegenteil ist der Fall. Es ist geradezu sein zentrales Anliegen zu zeigen, dass Gott auf Seiten der Armen, Schwachen, Unterdrückten und Ohnmächtigen steht. Dass er gerade dort *nicht* ist, wo die Macht zu siegen scheint. Der Gott des Volkes Israel wohnt »inmitten seines Volkes« (Ex 25,8; Mt 18,20; Lk 24,36). Er hat nicht nur mit Israel, sondern mit allen Menschen einen Bund geschlossen (Gen 9,9; 15,18; Ex 21-24). Er ist ein »mitgehender« Gott (Ex 13,21). Er wird erfahrbar im »sanften, leisen Säuseln« (1 Kön 19,12). Er ist schließlich und endlich nach christlicher Glaubensüberzeugung »Fleisch geworden« (Joh 1,14) und hat sich »entäußert, wurde wie ein Sklave ... Er erniedrigte sich und war gehorsam bis zum Tod, bis zum Tod am Kreuz« (Phil 2,7-8).

Der Psychologe von Gagern äußert den »Verdacht, dass das Pochen auf die Allmacht Gottes, wie wir das so gelernt haben, an Seinem Wesen vorbeidenkt. Was wäre denn, wenn wir verzichten würden auf diese Hilfskonstruktionen eines Allmächtigen? Ist Gott nicht der ganz Einfache? Zugänglich ganz einfachen schlichten Herzen. Er ist in allem Guten gegenwärtig und erfahrbar. Ist denn das nicht richtig, wenn wir singen: ›Wo die Güte, wo die Liebe, da ist Gott?‹ Ja, da geschieht Gott. Da kann Er sein und wirken. *Wenn wir gut sind, dann machen wir Raum für Ihn. In uns.*«[25]

Die christlichen Kirchen sollten sich wieder mehr auf die biblische Rede von Gott besinnen und auf die »Eigenschaften«, die ihm dort zugeschrieben werden. Gott wird im Alten wie im Neuen Testament mit einem *gütigen* Vater verglichen (Ps 106,1; 107,1; 118,29; Jer 33,11 / Mt 20,15; Lk 6,35). Die Menschen werden aufgerufen, *barmherzig* zu sein, wie auch Gott barmherzig ist (Ex 34,6 / Lk 6,36). Die *Liebe* Gottes zu seinem Volk wird erwähnt (Dtn 33,3 / 1 Joh 4,8). Seine *Gerechtigkeit* wird gepriesen (Ps 9,9; Tob 3,2 / Joh 17,25). Seine *Weisheit* wird bewundert (Ps 104,24 / Röm 16,27). Warum finden diese biblischen Attribute Gottes in der Liturgie und in kirchlichen Dokumenten keine oder nur wenig Verwendung? Warum werden sie nicht ins Credo aufgenommen?

# Schöpfer des Himmels und der Erde

## Bekenntnis zu einem in Liebe geschaffenen Universum

Mit dem Bekenntnis zu Gott, dem Schöpfer Himmels und der Erde, soll keine Aussage über eine bestimmte Art und Weise der Entstehung des Kosmos gemacht werden. Die Bibel möchte mit ihren vielfältigen Ansätzen und Antwortversuchen (vgl. Gen 1,1-2,4a; Gen 2,4b-25; Ps 104) lediglich die Souveränität Gottes betonen und aufzeigen, dass es immer ein und derselbe Gott ist, der die Schöpfung von Anfang an inszeniert, begleitet und mit seinem Schutz versorgt. Der Schöpfungsglaube ist ein religiöser Akt. Er ist kein Bekenntnis zu einer bestimmten Theorie über den Zeitpunkt oder die Art der Entstehung des Kosmos. Die Frage, ob die Schöpfung (durch einen »Urknall«) aus Nichts (?) entstanden ist, ob sie von Ewigkeit her besteht oder durch eine riesige Explosion aus Elementen eines zuvor zusammengebrochenen (implodierten) Universums geworden ist, bleibt Ansichtssache. Sie ist kein Glaubenssatz. Die Theologie *will* dazu nichts sagen, und die Naturwissenschaft *kann* dazu nichts sagen. Denn der »Urknall« vor 20 bis 25 Milliarden Jahren, der heute von den meisten Naturwissenschaftlern als Entstehungsursache für den Kosmos angenommen wird, entzieht sich jeder Beschreibung, weil hier die Temperaturen so hoch lagen und die Zeitspanne so extrem kurz war ($10^{-43}$ Sekunden), dass die Physik über diesen Zustand nichts aussagen *kann*. Und über den »Urknall« hinaus sind naturwissenschaftliche Forschungen und Erkenntnisse sowieso grundsätzlich unmöglich.

Je intensiver der Mensch die Natur erforscht und erkundet, desto mehr Unerforschtes und Unerkundetes tritt zutage. Je mehr Antworten auf die Rätsel der Schöpfung gefunden werden, desto mehr neue Fragen tauchen auf.

Eines der größten Wunder und Rätsel ist der menschliche Organismus:

- Er besteht aus 80 Billionen (in Ziffern: 80.000.000.000.000.000) Zellen und aus 1027 Atomen (mit 1021 Erbsen wäre die ganze Erde 30 cm hoch bedeckt),
- die Blutgefäße haben eine Gesamtlänge von 400.000 Kilometer (das entspricht dem 10fachen Erdumfang),
- das Herz schlägt pro Minute etwa 75 mal, das sind am Tag rund 100.000 Schläge; dabei werden in jeder Minute 5 Liter, in einer Stunde 300 Liter, an einem Tag 7500 Liter Blut befördert (in 24 Stunden würde das menschliche Herz 15 Badewannen mit Flüssigkeit voll pumpen und dabei einen Höhenunterschied von 2 Metern überwinden),
- ein Siebzigjähriger hat in seinem Leben etwa 350.000 Kubikmeter Luft verbraucht (das entspricht einem Würfel mit einer Kantenlänge von 70,5 Metern),
- das Großhirn enthält mehr als 40 Milliarden Nervenzellen, die aneinander gereiht eine Länge von 500.000 Kilometern ergeben würden (die mittlere Entfernung von der Erde zum Mond beträgt 384.000 Kilometer).[26]

Kann das alles (und vieles, vieles mehr) wirklich nur durch »Zufall« entstanden sein – und sei es auch in Millionen und Abermillionen von Jahren?

Fragen bleiben: Warum ist eigentlich »etwas« und nicht »nichts«? Wodurch kam der Prozess der Entstehung des Universums in Gang? Ist der Urknall die Folge des Zusammenbruchs eines vorangehenden Kosmos oder einer ganzen Folge von Welten? Oder ist er der Anfang von »Etwas« aus »Nichts«? Aber wie kann aus »Nichts« »Etwas« werden? Ist das Wechselspiel der Umwandlung von Materie in Energie und von Energie in Materie ewig? Ist der Kosmos vielleicht eine Kette ewiger Wiederkehr? Wird also auch unser Universum eines Tages zusammenbrechen und unmittelbar darauf in Bruchteilen von Sekunden durch einen erneuten Urknall wieder ein neues Universum entstehen? Durch »Zufall«?

Bei all dem vielen, was gegen die Existenz Gottes sprechen mag: Wer staunend und voll Ehrfurcht die vielen großen und kleinen Wunder der Natur betrachtet, wird zumindest die Frage nach der Existenz Gottes offen lassen.

Aber vielleicht sollte der Schwerpunkt gar nicht auf die Frage der Entstehung und Entwicklung des Universums gelegt werden. Wenn sich der Mensch, in dem die Bibel ein Abbild jenes Gottes sieht, der die Liebe ist (Gen 1,27; 1 Joh 4,16), zu *Gott* als dem »Schöpfer« des Universums bekennt, dann soll damit deutlich gemacht werden, dass »Himmel und Erde« transparent sind auf Gott hin. Gott, der Liebend-Schaffende, erscheint durch die Dinge hindurch. Gottes Wirklichkeit leuchtet auf mitten in allem Irdischen.

Der Mensch wird damit an seine Verpflichtung erinnert. Er wird aufgefordert, in dieser Welt so zu leben und an ihr so zu handeln, wie es der Gotteswirklichkeit alles Geschaffenen zukommt und wie es der eigens hervorgehobenen Gottebenbildlichkeit des Menschen entspricht. Sein Tun und Lassen darf nicht vom Gesetz des Dschungels, von der gewalttätigen Durchsetzung egoistischer Interessen, von schrankenloser Ausbeutung und Machtausübung geprägt sein.

Der göttliche Segensspruch in der Bibel »Seid fruchtbar und vermehrt euch, bevölkert die Erde, unterwerft sie euch und herrscht über die Fische des Meeres, über die Vögel des Himmels und über alle Tiere, die sich auf dem Land regen« (Gen 1,28) ist vielfach falsch gedeutet worden und hat deshalb Anlass zu mancher verhängnisvollen Fehlentwicklung gegeben. Die neuere

Schrifterklärung hat eindeutig herausgearbeitet, dass es sich um einen *Segensspruch* handelt (nicht um einen Vermehrungs- bzw. Unterwerfungsauftrag oder gar -befehl). Der Segen will ermöglichen, dass die Menschheit die ganze Erde herrscherlich in Besitz nimmt, um ihren Lebensraum zu gewinnen. Bei dem Wort »herrschen« ist an das Tun eines Hirten zu denken, der seine Herde begleitet, weidet, führt – und in diesem Sinn über sie herrscht. Das Wort meint demnach eine nachgehende, verantwortlich-fürsorgende »Herrschaft« über die Anvertrauten.

Wenn ein Gott, der die Liebe ist, diese Welt erschaffen hat, dann sollte der Mensch, das Abbild dieses Gottes, sich in dieses Liebeswerk hineinnehmen lassen und es weiterführen. Eine verantwortungsbewusste Nutzung und Weiterentwicklung der in sich selbst keineswegs statisch-abgeschlossenen Schöpfung darf in ihr nicht eine beliebig zu handhabende Verfügungs- und Manipulationsmasse oder eine bloße Rohstoff-Quelle sehen. Wer sich zu *Gott* dem Schöpfer bekennt, muss im Mitmenschen und in den Mitgeschöpfen etwas anderes erkennen als nur die Produkte des Zufalls und der Evolution. Er begegnet in ihnen letztlich dem Geheimnis einer unfassbaren, wunderbaren Kraft, die in allem verborgen ist, die alles trägt und erhält.

Ich kann die Welt fragen, warum sie existiert, sie wird mir keine Antwort geben. Aber wenn ich mich für jemanden richtig begeistere, für ein Wesen Liebe empfinde, dann entdecke ich plötzlich, dass seine Existenz unentbehrlich ist. In dieser Entdeckung begegnet mir Gott. Er enthüllt mich mir selber, bringt mich dazu, mich dem offenbar sinnlosen Leiden so vieler mit Gefühl begabter Wesen entgegenzustemmen. Indem er mir erlaubt, den Abgrund des Nichts zu überbrücken, bringt mir der Glaube an Gott Dankbarkeit und Freude und gibt mir, wenn es nötig ist, Kraft zu kämpfen (J. Gaillot[27]).

»Himmel« und »Erde« im christlichen Credo meinen das, was wir heute als Kosmos oder Universum bezeichnen. Das antike, geozentrische Weltbild kennt die Erde als eine Art Scheibe oder gebirgige Erhebung inmitten von Wassern. Sie wird von Fundamenten oder Säulen gehalten. Über der Erde erhebt sich der Himmel, der meist als festes Gewölbe gedacht wird, weil er die »oberen Wasser« daran hindern muss, die Erde zu überschwemmen. Wenn Gott die »Schleusen des Himmels« öffnet, regnet es.

In der Bibel gilt der Himmel als Wohnort Gottes. Von dort sieht, spricht und handelt er. Von dort steigt er herab, um mit Welt und Mensch in Verbindung zu treten (vgl. Ex 19,11.18.20); dorthin steigt er wieder empor (vgl. Gen 17,22; 35,13). Einige Schriften des Alten Testaments erzählen auch davon, dass Gott nach Art eines Hofstaates in diesem Himmel Lebewesen (Engel, von griech. ángelos = Bote) um sich schart.

Jesu Auftreten fällt in eine Zeit, in der sich weite Kreise des jüdischen Volkes dem Glauben an überirdische Geister öffneten. Darüber, was er selbst über die Geisterwelt sagte und dachte, kann die kritische Forschung allerdings nur wenig ausmachen. Auch Paulus (1 Thess 2,18; 3,5) und die Spätschriften des Neuen Testaments übernehmen Teufelsmythologie und Engellehre. Die christliche Tradition entwickelt schließlich in den folgenden Jahrhunderten eine eigene »Angelologie« (aber keine eigene »Dämonologie« oder »Satanologie«) und ergeht sich in weitschweifigen Spekulationen über die neun »Chöre« der Engel, über ihre drei »Hierarchien«, die wiederum in Dreiergruppen gegliedert sind: Seraphim, Cherubim, Throne – Herrschaften, Kräfte, Mächte – Hoheiten, Erzengel, Engel.[28]

Die Existenz von guten und bösen Engeln (Teufeln) wird bis in die Gegenwart hinein in kirchenoffiziellen Dokumenten als eine Selbstverständlichkeit betrachtet. Der »Katechismus der Katholischen Kirche« erklärt sogar die Existenz von Engeln als eine »Glaubenswahrheit«[29]. Damit schießt er übers Ziel hinaus. Glaubenssatz ist lediglich, dass *alles* von Gott geschaffen wurde. Glaubenssatz ist *nicht*, dass dazu auch Engel und Teufel gehören.[30] Der Christ muss weder *an* Engel oder Teufel glauben, noch braucht er es. Denn er bezeugt im Glaubensbekenntnis allein seinen Glauben an Gott, nicht aber an geschaffene Wesen.

Eine zeitgemäße christliche Verkündigung sollte sich darum bemühen, das, was ursprünglich mit »Engeln« gemeint ist, in das Lebensgefühl der Gegenwart hinein zu übersetzen. Als »Boten Gottes« können »Engel« vielfältige Gestalt annehmen. Es können materielle Dinge – Steine, Landschaften, Blumen, Tiere, Menschen -, ja bestimmte Ereignisse sein, in denen der Glaubende eine Botschaft von Gott wahrzunehmen vermag und die ihm eine Gotteserfahrung ermöglichen. Diese Vorstellung von »Engeln« führt nicht an Gott vorbei, sondern zu ihm hin. Sie verlangt eine suchende Wachheit, um diese Hinweiszeichen zu erfahren, sie richtig zu deuten und ihren Bezug zu Gott zu erkennen. So gesehen, ist die häufig zitierte »Wiederkehr der Engel« vielleicht Ausdruck einer Suchbewegung und einer unausgesprochenen Sehnsucht nach Gotteserfahrung.

Eine erschreckende Kehrseite dieser »Wiederkehr« zeigt sich in dem (vor allem unter Jugendlichen zu beobachtenden) »Satanismus«. Er ist Ausdruck einer Transzendenzverweigerung, einer individuellen Verschlossenheit und Empfindungslosigkeit, einer Erfahrungsunwilligkeit. Die Anhänger dieses »Kults« sehen darin vielleicht ein Chance, (gewaltsam) gegen eine Gesellschaft zu revoltieren, die sie nicht zum Zuge kommen lässt und unterdrückt (auch wenn das objektiv gar nicht immer zutrifft). Sie nehmen die Gelegenheit wahr, sich mit gleich gesinnten »Underdogs« zusammenzuschließen und so die allzu häufig erfahrene eigene Schwäche und Unterlegenheit durch gemeinsame »Stärke« zu kaschieren und schließlich auch sexuelle Reize zu erleben, die sonst verpönt sind.[31]

# Und an Jesus Christus, Gottes eingeborenen Sohn, unsern Herrn

## Gesicherte Daten des Lebens Jesu

Der Eigenname »Jesus« war ein im damaligen Israel beliebter und verhältnismäßig häufig anzutreffender Name. Die deutsche Form ist abgeleitet von einer griechischen Transkription des hebräischen »jéshua«, das wiederum eine Spätform von »jehóshua« darstellt und so viel heißt wie »Jahwe ist Hilfe, Rettung«. Der Name »Jesus« bedeutet also für seinen Träger einen Hinweis auf das Heilswirken Jahwes in der Geschichte. Er ist eine lebendige, permanente Erinnerung an jenen Gott, der seinem Volk zu einem Leben in Freiheit und Würde verholfen hat.

Jesus ist geboren in der Regierungszeit Herodes I., des Großen, wahrscheinlich im Jahre 7 oder 6 vor der Zeitenwende. Herodes regierte von 37-4 v.d.Z. Über die Zeit bis zum öffentlichen Auftreten Jesu wissen wir so gut wie nichts. Was die Evangelisten Lukas und Matthäus in ihren »Kindheitsevangelien« (Lk 1;2; Mt 1;2) erzählen, sind in erster Linie theologisch-christologische Reflexionen, die historisch kaum gesichert und für eine exakte Darstellung der Kindheit Jesu ziemlich bedeutungslos erscheinen. Als Geburtsort ist eher Nazaret als Betlehem anzunehmen. Denn Betlehem wird nur in den ersten beiden Kapiteln des Matthäus- und Lukasevangeliums erwähnt und ist vor allem als »theologischer« Geburtsort zu werten (Davidsstadt: Lk 2,4; Mt 2,4-6; vgl. aber Joh 7,40-43; Lk 4,24). Überall gilt Jesus als der »Mann aus Nazaret«.

Von der Familie Jesu wissen wir nichts Verlässliches. Wir kennen die Vornamen seiner Mutter und seines Vaters. Und es scheint auch sicher zu sein, dass Jesus Brüder und Schwestern hatte. Als Brüder werden in den Evangelien genannt: Jakobus, Joses, Judas und Simon; die Namen der Schwestern werden nicht erwähnt (Mk 6,3; Mt 13,55; Apg 1,13 f.). In der katholischen Tradition wurden bzw. werden bis in die Gegenwart hinein aus dogmatischen Gründen (physiologisch verstandene »Jungfrauengeburt«) die Brüder und Schwestern Jesu als seine Vettern und Basen ausgegeben mit der Begründung, die hebräische und aramäische Sprache habe kein eigenes Wort für Vettern und Basen. Das ist richtig. Allerdings sind die Evangelien ursprünglich weder in hebräischer noch in aramäischer, sondern in griechischer Sprache abgefasst. Und da gibt es sehr wohl ein eigenes Wort für Vetter und Base (anepsiós bzw. anepsiá). Außerdem kennt der Kirchenschriftsteller Eusebius (gest. 339) neben dem Herrenbruder Jakobus auch Judas als »leiblichen Bruder unseres Erlösers« und Symeon, den Sohn des Klopas, »eines Onkels des Herrn«, also einen »Vetter des Herrn«.[32]

Jesus wuchs in Nazaret auf, einem Ort etwa 30 km südwestlich des Sees von Gennesaret. Dieses Nazaret war ein völlig unbedeutendes Dorf, das in keiner alttestamentlichen Schrift Erwähnung findet. Die (wenige) Bevölkerung mag wohl hauptsächlich aus Handwerkern und Kleinbauern bestanden haben. Eine Wegstunde von Nazaret entfernt lag Sepphoris, die damalige Provinzhauptstadt von Galiläa, mit einem griechischen Theater und einem Gymnasium für sportliche Veranstaltungen. Kurz nach dem Tod des Herodes im Jahre 4 vor der Zeitenwende (Jesus könnte damals 3 Jahre alt gewesen sein) war es dort zu einem Putschversuch der jüdischen Widerstandsbewegung gegen die Herrschaft der Römer und ihrer jüdischen Vasallen gekommen. Der damalige römische Statthalter von Syrien, Quintilius Varus, der später im Teutoburger Wald im Kampf gegen die Germanen den Tod fand, war mit 2 Legionen von Antiochien angerückt und hatte Sepphoris in Schutt und Asche gelegt. Erst heute beginnt man, die Ruinen der Stadt mühsam auszugraben.[33] Dass die römischen Legionäre auch das 6 km entfernte Nazaret nicht ungeschoren ließen, darf man vermuten.

Danach herrschte zunächst einmal Ruhe – Friedhofsruhe. Die Allgegenwart der römischen Besatzer sorgte dafür. Auch die Amtstätigkeit des ab 26 nach der Zeitenwende regierenden römischen Präfekten Pontius Pilatus trug dazu bei. »Bestechungen, Gewaltakte, Ausplünderungen, Misshandlungen, Provokationen, unaufhörliche Hinrichtungen ohne Gerichtsverfahren, willkürliche brutalste Grausamkeiten« waren an der Tagesordnung, so berichtet ein Zeitgenosse, der den Prokurator persönlich kannte.[34] In einem politisch derart aufgeheizten Klima gediehen Korruption, Opportunismus und Radikalismus. Die einen suchten ihr Heil in einer mehr oder minder offenkundigen Zusammenarbeit mit den Römern und handelten sich damit die Verachtung weiter Kreise der jüdischen Bevölkerung ein. Andere zogen sich in den Untergrund zurück. Vor allem Galiläa wird als Schlupfwinkel für Terroristen erwähnt. Wieder andere verabschiedeten sich vom öffentlichen Leben und wandten sich der Religion oder allerlei Formen von Aberglauben zu. Kein Zweifel: Jesus wuchs in einer politisch unruhigen und wirtschaftlich schwierigen Zeit auf.

Wir wissen nicht, was ihn bewog, im Alter von etwa 30 Jahren (vgl. Lk 3,23) seinen Beruf als Bauhandwerker aufzugeben und sich einem Leben als Wanderprediger zu widmen. Es ist auch nicht bekannt, warum er seine öffentliche Tätigkeit in den Norden der Provinz, in das Grenzgebiet zwischen »Israel« und dem »Land der Heiden« verlegte, das der Prophet Jesaja als das »heidnische Galiläa« bezeichnet (Jes 8,23; 9,1-2). Ein Grund könnte die Ablehnung durch seine eigenen Verwandten und seine Heimatgemeinde Nazaret gewesen sein (Mk 3,20 f.; 6,1-6 parr.). Vielleicht fürchtete er auch ein frühzeitiges Eingreifen der römischen Besatzungsmacht.

Über Einzelheiten seines öffentlichen Auftretens erzählen zwar die Evangelien eine ganze Menge. Die Frage nach der historischen Zuverlässigkeit des Berichteten ist allerdings nur schwer zu beantworten. Denn die Evangelien sind zwischen 70 und 100 entstanden, also 40 – 70 Jahre nach dem Wirken Jesu. Sie sind nicht von Augenzeugen geschrieben, sondern von Männern, die nur aus zweiter oder dritter Hand von den Ereignissen Kenntnis besaßen. Sie sind in Gemeinden entstanden, die an die Gegenwart des Auferweckten glaubten und die darum manche Reden und Taten Jesu so formulierten, als seien sie an sie selbst gerichtet, als gingen sie auf ihre Probleme ein, als hätten sie Menschen aus ihren Reihen zu Adressaten.

Unbestritten ist, dass Jesus als Wanderprediger wirkte, dass er Jüngerinnen und Jünger um sich scharte und dass im Zusammenhang mit seinem Auftreten Krankenheilungen und Dämonenbannungen geschahen. Nach anfänglichen Erfolgen kam es zu einer Krise. Offenbar hatte Jesus unter Teilen der Bevölkerung Galiläas die Erwartung geweckt, dass er der ersehnte (politische) Messias, der Befreier Israels aus der Unterdrückung durch die römischen Besatzer sein könnte. Und solche Hoffnungen mussten über kurz oder lang zu Unruhen unter der Bevölkerung führen. Römische wie jüdische Kreise hatten also Gründe genug, ihn bei passender Gelegenheit möglichst rasch und unauffällig unschädlich zu machen. Angesichts dieser Situation entschloss er sich offenbar, die Flucht nach vorn anzutreten und die Entscheidung in Jerusalem zu suchen.

## Christus

»Christus« (griech. =christós) heißt »der Gesalbte«. Das ist die Übersetzung des hebräischen Wortes *masiáh* (bzw. des aramäischen *mesíha*). Mit diesem »Gesalbten« ist zunächst der König gemeint (vgl. 1 Sam 2,10; 9,16 [Saul]; 16,3 [David]).

Dieses Königtum ging zugrunde, als Israel von Assyrern und Babyloniern besetzt wurde. Aber die Erinnerung daran blieb. So lassen sich schon relativ früh Träume von einer idealen messianischen Zeit feststellen. Die Hoffnungen verdichten sich während der römischen Besatzungszeit (2./1. Jh. v.Chr.) auf eine Idealperson, auf »den (kommenden) Messias«.

Zur Zeit Jesu führen diese Erwartungen zu unterschiedlichen Haltungen. Die einen hoffen mit Hilfe des erwarteten Messias auf ein baldiges gewaltsames Ende der verhassten Römerherrschaft, die anderen resignieren angesichts der drückenden Übermacht der römischen Besatzer und erwarten nur noch vom direkten Eingreifen Gottes eine Wende. Jesus musste es daher ablehnen, sich als Messias bezeichnen zu lassen. Dass es dennoch geschah und dass dieser Titel ihm letztlich zum Verhängnis wurde, konnte er kaum verhindern (vgl. Mk 8,27-30 parr; 15,26.32).

Die Hoffnung, dass Jesus der von vielen erwartete *politische* Messias sei, hatte sich als falsch erwiesen. Durch das Ostergeschehen änderte sich zumindest für die Jüngerinnnen und Jünger das Bild vom Messias. Die bisherige Erwartung des Messias als eines (lediglich) politischen Befreiers war zu eng und schmal angelegt. Der wahre Messias will mehr. Er befreit Israel tief greifender. Er verkündet und bewirkt eine umfassende und grundlegende Umkehr zu Gott. Mit seinem Auftreten bricht die Gottesherrschaft an. Genau das hatte Jesus bewirkt. Darum sagten die Anhänger Jesu nicht mehr (wenn sie es überhaupt getan hatten): Jesus ist der *Messias* bzw. der *Christus*, sondern: *Jesus* ist der Messias bzw. der Christus (vgl. 1 Joh 2,22; 5,1).

Weder mit dem Titel »Messias« noch mit dem Titel »Christus« konnten allerdings griechische Adressaten der Evangelien viel anfangen, weil ihnen die damit verbundenen messianischen Vorstellungen und Erwartungen in Israel kaum bekannt waren. Deshalb wurden der Eigenname »Jesus« und der Titel »Messias« bzw. »Christus« zu einem Doppelnamen zusammengefasst: »Jesus Christus« oder auch »Christus Jesus«. Und weil Titel und Funktion vielfach für wichtiger gehalten wurden als der damit bezeichnete Mensch, wurde immer häufiger der Eigenname »Jesus« weggelassen und nur noch von »Christus« gesprochen.

Mit dieser Entwicklung setzte eine bedenkliche Verschiebung ein. Wer ausschließlich den Titel gebraucht, übersieht die Person, nimmt sie nicht mehr richtig »wahr«. Wer den *Menschen* Jesus von Nazaret gleichsam »übersieht« und nur noch auf seinen Titel und seine Funktion achtet, entrückt ihn in weite Ferne. Ein »vergessener« *Mensch* Jesus hat seinen Mit-*Menschen* nicht mehr viel zu sagen. Sein Anspruch schwächt sich ab. Seine Nähe weicht zunehmender Distanz.

## Gottes eingeborener Sohn

### Gottes »Söhne« in den Schriften des Alten Testaments

»Sohn Gottes« ist in Israel zunächst der König. Auf ihn wird die vermutlich aus Ägypten übernommene Vorstellung einer göttlichen Adoptivsohnschaft übertragen. In den Königspsalmen spricht Jahwe den König wie ein Vater an: »Mein Sohn bist du, heute habe ich dich gezeugt« (Ps 2,7). Der König wird zu Gottes »erstgeborenem Sohn« und darum zum »höchsten unter den Herrschern der Erde« (Ps 89,28). Solche politisch völlig unrealistischen und überzogenen Formulierungen sind nur zu verstehen auf dem Hintergrund des religiösen Selbst- und Erwählungsbewusstseins Israels.

In späterer Zeit sieht sich auch das Volk als »Gottes erstgeborener Sohn« (Ex 4,22). Im Buch der Weisheit schließlich wird jeder Gerechte als »Sohn Gottes« tituliert (Weish 2,18; 5,5).

### Jesus als »Sohn Gottes« in den Schriften des Neuen Testaments

Nicht wenige Christen messen heute dem Titel »Sohn Gottes« in Bezug auf Jesus von Nazaret eine Bedeutung zu, die ihm ursprünglich gar nicht zukam.

Jesus selbst hat sich nicht als »Sohn Gottes« bezeichnet. Wenn er es getan hätte, dann wäre das wohl nur im Rahmen des von den alttestamentlichen Schriften her vorgegebenen Verständnisrahmens geschehen, dass er nämlich aus dieser Berufung und Sendung die praktische Konsequenz der befreienden Botschaft von der Liebe Gottes und seiner helfenden, ermutigenden, aufrichtenden Tat ableitete.

Eine entscheidende Wende im Verständnis des Sohn-Gottes-Titels leitet der Vorstoß der christlichen Verkündigung in den hellenistischen Kulturraum ein. So beginnt Markus sein Evangelium mit der Erzählung von der Taufe Jesu. Dort lässt er eine Stimme aus den Himmeln sprechen: »Das ist mein geliebter Sohn, an dem ich Gefallen gefunden habe« (Mk 1,11). Nicht nur Ps 2,7 klingt hier an (»Er sprach zu mir: ›Mein Sohn bist du. Heute habe ich dich gezeugt‹«), sondern auch das erste Lied vom Gottesknecht: »Seht, das ist mein Knecht, den ich stütze; das ist mein Erwählter, an ihm finde ich Gefallen« (Jes 42,1). Lukas geht bis in die Kindheit Jesu zurück und erwähnt, dass Jesus Sohn Gottes »*genannt*« wurde (nicht dass er Sohn Gottes *war*: Lk 1,35). Johannnes schließlich bezieht die vorgeburtliche Existenz in die Gottessohnschaft ein (Joh 1,1).

Einen grundlegenden Wandel im Verständnis des Sohn-Gottes-Titels bringt das Zusammentreffen der christlichen Verkündigung mit dem griechischen Mythos vom göttlichen »Logos«. Dieser »Logos« (griech.= Rede, Wort, Denkvermögen des Menschen) wird verstanden als eine wirksame Kraft, die alle Wesen bestimmt und ihnen Gestalt und Bewegung verleiht; durch sie gründet Gott die Welt; nach ihr hat er alles erschaffen. Um das streng monotheistisch denkende Judentum mit dieser Philosophie und den kursierenden religiösen Vorstellungen zu vereinbaren, versuchte der Jude Philon von Alexandrien (13 v.Chr.-45/50 n.Chr.), den Logos zu einem Zwischenwesen zu machen, durch das der jenseitige Gott mit der Welt in Verbindung tritt. Der Logos ist – nach Philon – nicht Gott, sondern der *Sohn Gottes*, sein *erstgeborener* Sohn, nach dessen Bild und durch den Gott die Welt erschuf, erhält und regiert, durch den er sich offenbart und durch den der Mensch zu Gott aufsteigen kann.

Daraus erwuchsen Folgen für die christliche Rede von Jesus als dem »Sohn Gottes«. Der alttestamentliche Hintergrund dieses Begriffs, der vor allem nach dem Wirken und der *Funktion* fragt, war für Griechen eher belanglos. Sie hatten »ihren« Logos vor Augen, wenn sie vom »Sohn Gottes« sprechen hörten. Und darum fragten sie nach dem *Wesen* dieses »Sohnes Gottes«. Nicht: Was hat dieser Jesus gewirkt?, sondern: Wer ist er eigentlich? Ein schwer wiegender Umdenk- und Umdeuteprozess setzte ein.

Zuerst ist es wohl der als jüdischer Theologe ausgebildete Paulus, der den Titel »Sohn Gottes« (bewusst mit Blick auf die griechische Logos-Vorstellung?) explizit auf Jesus anwendet. Bei genauerem Hinsehen zeigt sich allerdings, dass er dabei über das vom Alten Testament vorgegebene Verständnis nicht wesentlich hinausgeht. Wenn Paulus von der *Sendung* des Sohnes spricht (Röm 8,3 ff.), dann versteht er dieses »Senden« vor dem Hintergrund der Sendung der Propheten (vgl. Jes 6,8).[35] Allerdings wird darin – unter Einfluss der griechischen Logos-Spekulation – der Gedanke an eine vorgeburtliche Existenz (»Präexistenz«) Jesu nahe gelegt, wie sie an zwei Stellen aus dem Philipper- und dem ersten Korintherbrief anklingt: »Er war *Gott gleich*, hielt aber nicht daran fest, wie Gott zu sein« und »Einer ist der Herr: Jesus Christus. *Durch ihn ist alles*, und wir sind durch ihn« (Phil 2,6; 1 Kor 8,6). Keine der Aussagen gibt freilich etwas her für die Bestimmung einer »Wesensgleichheit« Jesu mit dem Gott, dem Vater. Sie würde in deutlicher Spannung stehen zu dem ebenfalls genuin paulinischen Gedanken, dass Jesus das »*Ebenbild* Gottes« ist (2 Kor 4,4.6).[36]

Das rund 50 Jahre nach den Paulusbriefen verfasste Johannesevangelium sieht zwar in Jesus den von Gott Gesandten, der durch seine Herkunft Gott näher steht als jeder andere und Gott auch eng verbunden bleibt.[37] Aber nirgends ist davon die Rede, dass Jesus mit Gott *wesensgleich* sei. Dafür können auch nicht jene Stellen im johanneischen Schrifttum herangezogen werden, in denen Jesus als (ein) »Gott« bezeichnet wird (Joh 1,1; 1 Joh 5,20[38]); denn an anderen Stellen ist ebenso deutlich der Unterschied zu Gott herausgestellt. Der johanneische Jesus selbst sagt von sich: »Der Vater ist *größer* als ich« (Joh 14, 28); und er bekennt, dem »Sohn« sei es »*gegeben*, das Leben in sich zu haben« (Joh 5,26). »Die Doppeldeutigkeit, die dadurch entsteht, sollte klar daran erinnern, dass derjenige, der Jesus Gott nennt, genauso sehr und vielleicht noch mehr in Bildern spricht wie derjenige, der ihn Lamm, Weg, Wahrheit, Leben, Licht, Weinstock und Brot nennt« (B. v. Jersel[39]).

Alttestamentlich-orientalisches Denken weiß die bildhafte Redeweise, wie sie in der Sohn-Gottes-Metapher ihren Ausdruck findet, richtig zu deuten. Bilder werden als (Ab-)Bilder einer in ihnen sich darstellenden oder zur Darstellung gebrachten Realität verstanden, nicht aber als die Realität selbst. Das gilt für die Metaphern »Vater« für Gott und »Sohn Gottes« für den König und das Volk Israel im Alten Testament nicht weniger als für die auf Jesus bezogenen Bezeichnungen »Gott« und »Sohn Gottes« im Neuen Testament. Dennoch besitzen (Ab-)Bild oder Ebenbild gleiche Würde und Autorität wie die hinter ihnen stehende Wirklichkeit, die sie repräsentieren. Nach den Schriften des Neuen Testaments ist Jesus nicht mehr und nicht weniger als »der von Gott Gesandte, der letzte Bote, der aber auf eine andere Weise gesandt ist und einer anderen Ordnung angehört, als diejenigen, die ihm vorangingen. Er gleicht Gott mehr und ist auch mehr mit ihm verbunden als jeder andere, obwohl er dennoch oder vielleicht gerade deswegen nicht verschont wird und man ihm das Leben nimmt. Gott rächt und bestätigt ihn aber: Er wird in der neuen Heilsordnung Gottes der Eckstein« (B. v. Jersel[40]).

Die von Paulus eingeleitete »christologische Karriere des Jesus von Nazareth« (P. Hoffmann[41]) setzt sich in den folgenden 400 Jahren fort. Dabei kommt es im Gefolge der griechischen Denkweise zunehmend zu einer höchst problematischen Aufspaltung der Person Jesu in einen unsichtbaren, »himmlischen« Christus und einen sichtbaren, leidensfähigen, »irdischen« Jesus. Immer häufiger wird der irdische Mensch Jesus zugunsten des himmlischen Gott-Christus in den Hintergrund gedrängt.

Schon das Konzil von Nicaea (325) hatte einen ersten Vermittlungsversuch zwischen den beiden Polen der Christologie, dem göttlichen und dem menschlichen, unternommen. 451 wagt sich das Konzil von Chalkedon erneut an die schwierige Aufgabe, eine ausgewogene Linie der Christologie zu finden. Es spricht von »einer Person in zwei Naturen – unvermischt, unverwandelt, ungetrennt und ungesondert.« Aus der Sicht heutiger Theologie bedeutet diese Einigungsformel zwar ein »Ende« des Ringens um eine Bestimmung des Ineinander und Zueinander von göttlicher und menschlicher Natur in Jesus Christus – eine Frage, die sich dem Christentum beim Übergang in die griechische Denkwelt stellte und der es sich nicht entziehen konnte. Es ist aber nicht zu verkennen, dass das christologische Dogma notwendigerweise durch die verwendete, zeitbedingte Begrifflichkeit gefährliche Einseitigkeiten und beträchtliche Blickverengungen im Gefolge hatte.[42]

### *»Person«*

Der »Person«-Begriff war schon auf dem Konzil von Chalkedon nicht eindeutig geklärt. Das (lateinische) Wort »persona« kommt vermutlich vom etruskischen »phersu« und bedeutet Maske. Der Ursprung des Maskentragens ist wohl darin zu suchen, dass die alten Jäger sich in Tiere verkleideten, um die Beute anzulocken oder Feinde zu verscheuchen. Häufig wird – in späterer Zeit – die Maske zu Kulttänzen oder Dämonenaustreibungen verwendet. Sie identifiziert den Träger mit einem anderen (höheren) Wesen. Der Maskenträger »spielt« nicht, sondern wird verwandelt; so ermöglicht er die Erscheinung des Gottes oder der Göttin. Häufig, aber etymologisch nicht zutreffend, wird »persona« vom lateinischen Wort per-sonare (= hindurch tönen) abgeleitet, vermutlich weil in der antiken Tragödie die Mimen grundsätzlich Masken vor dem Gesicht trugen, durch deren Mundöffnung ihr Wort »hindurch tönte«.

Das entsprechende griechische Wort für Person heißt »prósopon« (wörtlich: das, dem man sich gegenübersieht); es kann die Bedeutung »Maske« oder auch »Gesicht« haben.

Heute wird »Person« als menschliches Individuum, als selbstständiges Subjekt verstanden. Wer heute von »Person« spricht, meint damit etwas gänzlich anderes als zur Zeit des Konzils von Chalkedon.

### *»Natur«*

Nicht minder problematisch ist der Begriff »Natur«, der in der Rede von den »zwei Naturen« in Jesus verwendet wird. Das lateinische Wort »natura« und das ihm entsprechende griechische »phýsis« deuten beide zunächst auf den Vorgang des Entstehens (von lat. nasci = entstehen, griech. phýsis = Geburt). Im weiteren Sinn ist darunter auch die Wesensart jedes Seienden zu verstehen, wie sie ihm von seinem Ursprung her zukommt. Nun mag ein derartiger Begriff auf den *Menschen* Jesus anwendbar sein. Aber passt ein Wort mit dem Konnotat »entstehen« auch zur Bezeichnung des Göttlichen? Kann man tatsächlich Göttliches und Menschliches auf eine Stufe stellen und von »*zwei Naturen*« in Jesus sprechen?

Das Konzil versucht, das Geheimnis des Mannes aus Nazaret mit Hilfe philosophischer Kategorien seiner Zeit zu fassen. Das ist durchaus legitim und situationsgerecht. Die Begriffe wirken allerdings reichlich statisch und lehrhaft-konstruiert. Der »Gottessohn« ist einer, der »vom Himmel herabkommt«, aus der hoch über unsere menschliche Situation erhabenen und ihr geradezu entgegengesetzten göttlichen Wirklichkeit. Und dorthin »fährt« er auch später wieder auf. Der Schwerpunkt wird auf die Menschwerdung Gottes, auf das Herab- und Hinaufsteigen des Gottessohnes verlegt. Die Dynamik des irdischen Wirkens Jesu und seines Heil bringenden Handelns, wie sie in den Evangelien zum

Ausdruck kommt, tritt in den Hintergrund. Es unterbleibt die Berücksichtigung und Würdigung der Geschichte Jesu. Damit ist die Gefahr einer übertriebenen Vergöttlichung der Gestalt des Mannes aus Nazaret gegeben – mit den leidlich bekannten Folgen bis in die Gegenwart hinein.

### *»eingeboren«*

Das Wörtchen »eingeboren« im Credo erscheint fremdartig und ungewöhnlich. Denn im heutigen (deutschen) Sprachgebrauch werden als »Eingeborene« Menschen bezeichnet, die in einem bestimmten Land geboren und dort zu Hause sind.

Wahrscheinlich geht die Einfügung dieses Wortes auf zwei Stellen im Johannesevangelium zurück: »Das Wort ist Fleisch geworden ..., und wir haben seine Herrlichkeit gesehen, die Herrlichkeit des *einzigen* (griech.= monogenés) Sohnes vom Vater« und »Gott hat die Welt so sehr geliebt, dass er seinen *einzigen* (monogenés) Sohn hingab ...« (Joh 1,14 und 3,16). In alttestamentlichen Texten wird das Wörtchen »einzig« häufig parallel mit »agapetós« (= geliebt) verwendet (vgl. Gen 22,3.12.16; Jer 6,26; Am 8,10; Sach 12,10). Es bringt das innige Liebesverhältnis der Eltern zu ihrem »einzigen« Sohn zum Ausdruck. Im Deutschen würde man vielleicht »Mein Ein und Alles« dafür sagen.

In der griechischen Mythologie erscheint das Wort »monogenés« als Attribut der Göttin Athene und dürfte wohl im Sinne von »einzigartig« zu verstehen sein.

Ob man nun für die richtige Übertragung ins Deutsche den biblischen oder den hellenistischen Interpretationsrahmen wählt, in jedem Fall müsste »eingeboren« bzw. »einziggezeugt« durch ein treffenderes Wort ersetzt werden – im ersten Fall durch »geliebt«, im zweiten durch »einzigartig«.

Große Bedeutung erlangte im griechisch-römischen Raum der Titel »Herr« (griech.= kýrios). Das griechische Wort bezeichnet ursprünglich einen Sklavenhalter, einen Herrscher über unterworfene Völker oder einen gesetzmäßigen Vormund. Darum wird »Herr« häufig zur Bezeichnung von Königen verwendet und besagt so viel wie »Majestät«. Da nach altorientalischer Auffassung auch und erst recht die Götter Macht über die Menschen besitzen und das Recht auf ihrer Seite haben, werden sie ebenfalls manchmal als »Herren«, als »Majestäten« bezeichnet (vgl. 1 Kor 8,5 f.).

Eine sehr alte Bezeugung der Anwendung des Titels »Herr« auf Jesus findet sich im urkirchlichen Gebetsruf *maranata* (aramäisch = »Unser Herr, komm!« oder »Unser Herr ist gekommen«; vgl. 1 Kor 16,22). Mit diesem Gebetsruf flehten die Christen den vom Tode auferweckten »Herrn« Jesus an, »bald« wiederzukommen, um seine königliche Macht auf Erden (als der Messias, als der Christus) endlich durchzusetzen (vgl. Offb 22,20). Der Titel bezeichnet aber »noch nicht unbedingt göttliches Wesen ... In jüdischen Schriften kann Gott solche Machtfülle auch Mittlergestalten, vor allem Engeln, übertragen. Aber sie werden kaum kultisch angerufen. Insofern ist das *marana-ta* tatsächlich ein Schritt über das Judentum hinaus, – freilich noch innerhalb des Judenchristentums.« [43]

Die Bedeutungserweiterung des Titels »Herr« bzw. »*mar*« könnte demnach so verlaufen sein:

*Zeitgenossen und Jünger Jesu* → *(hyperbolische) Anrede des irdischen Jesus mit »(mein) Herr« (mari)*

*vgl. »Herr, erbarme dich meines Sohnes« (Mt 17,14); »Herr, wie oft soll ich meinem Bruder vergeben?« (Mt 18,21)*

↓

*Aramäisch sprechende Judenchristen* → *Anrufung des Erhöhten als »unser Herr« (marana)*

*vgl. »Wer den Herrn nicht liebt, der sei verflucht! Maranata. Unser Herr, komm!« (1 Kor 16,22)*

↓

*Heidenchristen (vermittelt durch griechisch sprechende Judenchristen)* → *Der Erhöhte als kosmischer Kyrios »unser Herr« in Verbindung mit dem Doppelnamen Jesus Christus*

*vgl. »Die Gnade unseres Herrn Jesus Christus sei mit euch!« (Röm 16,20).*

Der Titel *marana* bzw. »*unser* Herr« ist offenbar in den griechisch sprechenden Gemeinden derart zu einer festen Redewendung geworden, dass er auch ins Apostolische Glaubensbekenntnis übernommen wurde, obwohl dieses im Singular abgefasst ist: »*Ich* glaube ... an Jesus Christus, *unseren* Herrn«. Eigentlich müsste es heißen: »*Ich* glaube ... an Jesus Christus, *meinen* Herrn.«

Ein Problem besonderer Art brachte die Verwendung dieses Jesus-Titels für das Verhältnis Juden – Christen. Griechisch sprechenden Juden musste bekannt sein, dass in der griechischen Übersetzung des Alten Testaments, in der so genannten Septuaginta, der Gottesname »Jahwe« fast immer mit »kýrios« wiedergegeben wird, weil ja der hebräische Gottesname nicht ausgesprochen werden durfte. Ein Jude, der Jesus als »kyrios« bezeichnet fand, musste also unwillkürlich darin einen Affront gegen den strengen Monotheismus wittern, weil »Jahwe« und »Jesus« damit – wenn auch (vorerst) nur konnotativ – auf eine Stufe gestellt wurden.

Es bleibt die Frage, ob es heutzutage sinnvoll ist, an einem längst verdächtig und obsolet gewordenen Titel festzuhalten. Herr, Herrschaft, beherrschen, Herrlichkeit – das hat in einer demokratisch verfassten Gesellschaft keinen guten Klang mehr.

# Empfangen vom Heiligen Geist, geboren von der Jungfrau Maria

Die beiden gleichsam in einem Atmenzug genannten Bekenntnisformeln »empfangen vom Heiligen Geist« und »geboren von der Jungfrau Maria« erwecken den Anschein, als handele es sich hierbei um die Beschreibung der natürlichen Entstehung eines Menschen: Zeugung durch ein männliches Wesen (Vater; hier = Heiliger Geist), Geburt durch eine Frau (Mutter; hier = Maria). Eine Naturalisierung dieser Art war sicher von den Verfassern des Glaubensbekenntnisses nicht beabsichtigt. Aber was ist dann gemeint?

## Empfangen vom Heiligen Geist

Den biblischen Beleg für die Formel im Glaubensbekenntnis liefert das Kindheitsevangelium nach Lukas. Dort wird von der Sendung des Engels Gabriel zu Maria erzählt, der ihr ankündigt, dass sie Mutter des Messias werden soll. Auf die Frage, wie das geschehen soll, antwortet der Engel: »Der Heilige Geist wird über dich kommen, und die Kraft des Höchsten wird dich überschatten« (Lk 1,35). So steht es jedenfalls in der deutschen Einheitsübersetzung. Im griechischen Urtext ist von »dem« Heiligen Geist nicht die Rede, sondern von »Heiligem Geist« – ohne den bestimmten Artikel »ho«. Auch bei »Kraft« fehlt im Griechischen der bestimmte Artikel. Eine korrekte Übersetzung müsste also lauten: »Heiliger Geist wird über dich kommen, und Kraft des Höchsten wird dich überschatten.«

Durch die Verwendung des bestimmten Artikels »der« bei »Heiliger Geist« wird der Eindruck erweckt, als handle es sich um ein personales Wesen, das hier tätig wurde. Christen sind gewohnt, darin die dritte göttliche Person in der Dreifaltigkeit zu sehen. Das konnte aber von Lukas in seinem Evangelium nicht gemeint sein. Denn die Lehre vom Heiligen Geist als (dritter) göttlicher Person und eine explizite Dreifaltigkeitstheologie sind erst seit dem dritten nachchristlichen Jahrhundert anzutreffen.

Was mit »empfangen von heiligem Geist« gemeint ist, kann nur vor dem Hintergrund des Alten Testaments richtig gedeutet werden. Dort ist verschiedentlich von einer wunderbaren Empfängnis bedeutender Männer die Rede: Ismael/Hagar (Gen 16,11), Simson/Frau des Manoach (Ri 13,3), Samuel/Hanna (1 Sam 1). Von Rut wird sogar gesagt: »*Der Herr* (im hebr. Urtext: *Jahwe*) ließ sie schwanger werden« (Rut 4,13). Nirgends wird das aber so verstanden, als sei Gott oder der Geist Gottes der *physische* Vater des Kindes. Das schließt der unmittelbar vorangehende Satz im Buch Rut explizit aus. Dort steht: »So nahm Boas Rut zur Frau und ging zu ihr.«

In der hebräischen Sprache heißt das dem deutschen »Geist« entsprechende Wort »ruach«, und es ist nicht männlichen, sondern weiblichen Geschlechts. So ist die Rede vom »Geist« bzw. von der »Geistin« (Gottes), vom/von der »Geist/Geistin des Herrn«, vom/von der »Geist/Geistin aus der Höhe« oder auch von »Gottes Geist/Geistin« (vgl. u.a. Jdt 16,14; Weish 1,7; Jes 32,15; Gen 1,2).

Die Zusammensetzung »*heiliger Geist*« kommt in der hebräischen Bibel nur an zwei bzw. drei Stellen vor – im Psalm

51,13 und bei Jes 63,10-11.[44] Gedacht ist hier wohl im Sinne der ursprünglichen Bedeutung von »ruach« (= Wind, Atem) an eine psychisch wirksame Kraft, die dem Menschen auf Dauer oder auch nur zeitweise von Gott geschenkt wird und die ihn zu Außerordentlichem befähigt. Ein göttliches Wesen, von dem Maria »empfängt«, oder gar einen göttlichen Zeugungsakt kann Lukas also nicht vor Augen gehabt haben.

Allerdings war in der gesamten Antike der Wunsch verbreitet, das Göttliche möge sich unlösbar mit dem Menschlichen verbinden, göttliche Lebenskräfte mögen das Menschliche durchdringen. Es gibt eine große Anzahl von mythologischen Erzählungen, in denen »die Himmlischen« mit Frauen dieser Erde den Geschlechtsakt vollziehen und »Halbgötter« oder gott-menschliche Mischwesen zeugen.[45]

Die Botschaft des Engels, wie sie Lukas hier kunstvoll in Worte kleidet (Lk 1,30-37), ist ein Versuch, aus nachösterlicher Perspektive eine Antwort zu finden auf die Frage nach dem Geheimnis der Gestalt Jesu. In dieses Bemühen fließen Hinweise auf die Anfangssituation der Erfahrung des Volkes Israel mit der Gegenwart eines liebenden, heiligenden, belebenden Gottes ein, wie sie sich etwa in den Bildern von der auf dem Offenbarungszelt lagernden Wolke (Ex 40,34 f.; 1 Kön 8,11) oder vom Wohnen des Volkes »im Schatten des Höchsten« (Ps 91,1) widerspiegeln. Für heidenchristliche, mit diesem Hintergrund nicht vertraute Leser konnte Lukas an die bekannten Mythen über die göttliche Zeugung großer Männer oder der Könige anknüpfen. In beiden Fällen konnte und wollte er zum Ausdruck bringen, dass diese Vorbilder und Erwartungen in der Geburt Jesu ihre Erfüllung gefunden haben.

Das älteste Evangelium (nach Markus) weiß von einer Jungfrauengeburt nichts zu erzählen, und Johannes, der jüngste Evangelist, kennt Jesus nur als den Sohn Josefs (1,45; 6,42). In den ältesten Schriften des Neuen Testaments, in den Paulusbriefen, steht ebenfalls nichts von einer Jungfrauengeburt. Im Römerbrief zitiert Paulus einen alten urchristlichen Hymnus: »... dem Fleische nach geboren als Nachkomme Davids, dem Geist der Heiligkeit nach eingesetzt als Sohn Gottes in Macht« (Röm 1,3 f.), und im Galaterbrief spricht er davon, dass, »als die Zeit erfüllt war«, Gott seinen Sohn sandte, »geboren von einer Frau und dem Gesetz unterstellt« (Gal 4,4). Von einer Jungfrauengeburt weiß er offenbar nichts. Nur im Matthäus- und Lukasevangelium ist von der Geburt Jesu durch die *Jungfrau* Maria die Rede (Lk 1,27 und Mt 1,23).

Ähnlich wie die göttliche Zeugung großer und bedeutender Männer war auch deren jungfräuliche Geburt eine gängige antike Bildrede. Seit dem zweiten Jahrtausend v.Chr. ist der Mythos von der Jungfrauengeburt in Ägypten belegt. Von dort hat er in den gesamten östlichen Mittelmeerraum ausgestrahlt. Warum sollten daher die Evangelisten im Hinblick auf ihre nicht aus dem Judentum kommenden Adressaten nicht auf diesen allseits bekannten Mythos zurückgreifen, um damit das Wunder der Geburt Jesu zum Ausdruck zu bringen?

Matthäus und Lukas verstehen ihre Evangelien nicht in erster Linie als historisch-biographische Beschreibung dessen, was »wirklich« geschehen ist. Sie wollen vielmehr eine theologische und christologische Aussage machen und ein Bekenntnis zu Jesus, dem Christus, ablegen. Sie wollen mit Hilfe alttestamentlicher Texte und gängiger antiker Bild- und Symbolsprache verkünden, wer Jesus für sie ist, warum sie an ihn glauben und welche Bedeutung er auch für andere haben könnte. Jesus ist der Höhepunkt all der bedeutenden Männer in Israel, die als erflehte und erbetete Kinder dargestellt werden (Simson, Samuel, Johannes der Täufer). In ihm findet die Sehnsucht der Völker nach unlösbarer Verbindung des Göttlichen mit dem Menschlichen ihre Erfüllung. Jesus ist das Geschenk Gottes an die Menschheit. So etwas konnten Menschen aus sich heraus nicht zustande bringen. Hier musste der Gottesgeist selbst tätig werden. Deshalb »muss« Maria, die Mutter Jesu, »Jungfrau« sein. Denn Jungfrau sein bedeutet: in Erwartung sein, frei für das Leben, offen für das Empfangen. Es gibt nichts im Schoß der Menschheit, nichts in der menschlichen Fruchtbarkeit, das diesen Jesus hätte hervorbringen können.

## Wege zum richtigen Verständnis der christologischen Titel

Die vorangegangenen Ausführungen haben deutlich gemacht, dass die Christologie sich darum bemühen muss, dem Dilemma zu entgehen zwischen einer »Jesulogie«, die in Jesus den Gottesbezug ausblendet und in ihm nur das Modell eines wahrhaft humanen Lebens sieht, und einer überhöhten Christologie, die in ihm nur das Göttliche wahrnimmt. Das wird nicht zu erreichen sein ohne gründliche Rückbesinnung auf die Bibel und ohne die Überprüfung der christologischen Aussagen auf ihre Zugänglichkeit für kritisches Denken. Dabei müsste aufgezeigt werden, wie und inwiefern auch schon die Sätze der christlichen Tradition gewissermaßen »von unten«, aus Erfahrung, entstanden sind und dass auch die mythischen, scheinbar über jenseitige Zusammenhänge informierenden christologischen Aussagen nichts anderes sind als Versuche der jeweiligen Kulturen, mit den Mitteln ihres Denkens und ihrer Sprache die Heilsbedeutung Jesu zum Ausdruck zu bringen.

Nicht wenige Theologen verstehen darum heute die »Hoheitstitel« Jesu – eingeborener Sohn, Herr, Christus, König – eher in einem literarisch-symbolischen Sinn als bekenntnishaften Ausdruck persönlicher oder gemeinschaftlicher Erfahrung mit Jesus, seiner Botschaft und seinem Ruf zur Nachfolge. Die Titel haben eine ähnliche Funktion wie die Übertreibungen Liebender, die einander zusichern, dass sie »einmalig«, »einzigartig« oder »Mein Herzenskönig« seien. Sie wollen damit nichts anderes als ihre Zuneigung und Hingabe, ihre Liebe und ihren Glauben zum Ausdruck bringen.

# Gekreuzigt, gestorben und begraben

## Fragen der Historie

Anlässlich des Osterfestes (wahrscheinlich im Jahr 30 unserer Zeitrechnung) ließ es Jesus im Vorhof des Tempels zum Eklat kommen. Mit einer symbolischen Handlung (Umstoßen der Tische einiger Geldwechsler und Taubenhändler) provozierte er seine jüdischen Gegner und erregte möglicherweise auch die Aufmerksamkeit der argwöhnischen Römer (Mk 11,15-19 parr.). Für die Juden bedeutete sein Vorgehen eine Störung des offiziell verordneten Ablaufs des Tempelkultes und damit indirekt eine Kritik am Tempel überhaupt (vgl. Mk 11,15-17; 14,58). Die Römer konnten darin eine Störung der öffentlichen Ordnung sehen. Beiden Parteien musste deshalb aus unterschiedlichen Gründen daran gelegen sein, den ohnehin lästigen Wanderprediger aus der unruhigen Nordprovinz zu beseitigen.

Was im Einzelnen bei Gefangennahme und Passion geschehen ist, lässt sich kaum genau ausmachen. Historisch gesichert ist allein, dass Jesus vom Repräsentanten der römischen Besatzungsmacht in Judäa, dem Präfekten Pontius Pilatus (26-36 n.Chr.), zum Tod am Kreuz verurteilt und (wahrscheinlich am 24. Nisan [= 7.April] des Jahres 30) hingerichtet wurde. Die Strafe der Kreuzigung wurde von den Römern bei Schwerverbrechern angewendet. Dazu gehörten Tempelräuber, fahnenflüchtige Soldaten, Hochverräter und Aufrührer. Sie galt als »grausamste und widerwärtigste Strafe« (Cicero) und durfte nur an jenen vollzogen werden, die nicht das römische Bürgerrecht besaßen. Die Leichname der Hingerichteten blieben in der Regel am Kreuz hängen, bis sie verwest oder eine Beute der Raubtiere geworden waren. In Ausnahmefällen konnte der zuständige Magistrat gnadenweise die Leiche den Angehörigen zur Bestattung freigeben. Der Kreuzigung Jesu könnten vorausgegangen sein: Verhaftung durch ein Kommando des Hohenpriesters am Ölberg (mit Hilfe eines Verräters aus dem Kreis der Jünger?), Vernehmung durch die jüdischen Autoritäten (allerdings wird von manchen Exegeten die Frage aufgeworfen, ob eine Beteiligung des Jerusalemer Synhedrions überhaupt denkbar ist, weil Pilatus möglicherweise gar kein halbwegs reguläres Gerichtsverfahren gegen Jesus durchführte, sondern »kurzen Prozess« mit ihm machte[46]), Übergabe an Pilatus mit der Anklage des messianischen Aufruhrs, Verurteilung, Auspeitschung (die meist mit der Kreuzigung verbunden war), Gang zur Richtstätte Golgotha (vielleicht wird von Simon von Kyrene der Kreuzesquerbalken für Jesus getragen), Kreuzigung zusammen mit anderen Aufrührern, (nahe liegend) Verspottung durch Vorübergehende, relativ schnell eingetretener Tod.[47] Dass politische Gründe den Ausschlag für das Todesurteil gegeben haben, bezeugt der am Kreuz angebrachte (vermutlich historische) Hinweis auf die Art seines Verbrechens: »König der Juden« (Mk 15,26).

Über die Lage des Grabes Jesu gibt es keine gesicherten Erkenntnisse. Warum Kaiser Konstantin nach dem Konzil von Nicaea (325) die Grabeskirche gerade an dieser Stelle errichten ließ, ist bis heute ungeklärt. Archäologische Untersuchungen haben lediglich ergeben, dass das Gelände in hasmonäisch-herodianischer Zeit (ca. 141 v.Chr.-100 n.Chr.) als Gräberfeld genutzt wurde.

## Die Deutung der Fakten durch die Evangelisten

Alle vier Evangelisten erzählen von der Passion Jesu. Aber sie tun das durchaus nicht einheitlich. Sie setzen unterschiedliche Schwerpunkte und Akzente. Die Texte sollen zur Verdeutlichung hier synoptisch gegenübergestellt werden.

| Mt 27,45-56 | Mk 15,33-41 | Lk 23,44-49 | Joh 19,28-37.25-27 |
|---|---|---|---|
| | | | *28 Danach, als Jesus wusste, dass nun alles vollbracht war, sagte er, damit sich die Schrift erfülle: Mich dürstet.* <br> *29 Ein Gefäß mit Essig stand da.* |
| *45 Von der sechsten bis zur neunten Stunde herrschte eine Finsternis im ganzen Land.* | *33 Als die sechste Stunde kam, brach über das Land eine Finsternis herein. Sie dauerte bis zur neunten Stunde.* | *44 Es war etwa um die sechste Stunde, als eine Finsternis über das ganze Land hereinbrach. Sie dauerte bis zur neunten Stunde.* | *Sie steckten einen Schwamm mit Essig auf einen Ysopzweig und hielten ihn an seinen Mund.* |
| *vgl. V. 51* | *vgl. V.38* | *45 Die Sonne verdunkelte sich. Der Vorhang im Tempel riss mitten entzwei.* | *30 AlsJesus von dem Essig genommen hatte, sprach er: Es ist vollbracht! Und er* |

| Mt 27,45-56 | Mk 15,33-41 | Lk 23,44-49 | Joh 19,28-37.25-27 |
| --- | --- | --- | --- |
| 46 Um die neunte Stunde rief Jesus laut:<br>ELI, ELI, LEMA SABACHTANI?<br>das heißt: Mein Gott, mein Gott, warum hast du mich verlassen?<br>47 Einige von denen, die dabeistanden und es hörten, sagten: Er ruft nach Elija. 48 Sogleich lief einer von ihnen hin, tauchte einen Schwamm in Essig, steckte ihn auf einen Stock und gab Jesus zu trinken. 49 Die anderen aber sagten: Lass doch, wir wollen sehen, ob Elija kommt und ihm hilft. | 34 Und in der neunten Stunde rief Jesus mit lauter Stimme:<br>ELOI; ELOI, LEMA SABACHTANI? das heißt übersetzt: Mein Gott, mein Gott, warum hast du mich verlassen? 35 Einige von denen, die dabeistanden und es hörten, sagten: Er ruft nach Elija! 36 Einer lief hin, tauchte einen Schwamm in Essig, steckte ihn auf einen Stock und gab Jesus zu trinken. Dabei sagte er: Lasst uns doch sehen, ob Elija kommt und ihn herabnimmt. | vgl. V.36 | neigte sein Haupt und gab seinen Geist auf.<br>31 Weil Rüsttag war und die Körper während des Sabbats nicht am Kreuz bleiben sollten, baten die Juden Pilatus, man möge den Gekreuzigten die Beine zerschlagen und ihre Leichen dann abnehmen; denn dieser Sabbat war ein großer Feiertag. 32 Also kamen die Soldaten und zerschlugen dem Ersten die Beine, dann dem andern, der mit ihm gekreuzigt worden war. 33 Als sie aber zu Jesus kamen und sahen, |
| 50 Jesus aber schrie noch einmal laut auf. Dann hauchte er den Geist aus. | 37 Jesus aber schrie laut auf. Dann hauchte er den Geist aus. | 46 Und Jesus rief laut: Vater, in deine Hände lege ich meinen Geist. Nach diesen Worten hauchte er den Geist aus. | dass er schon tot war, zerschlugen sie ihm die Beine nicht,<br>34 sondern einer der Soldaten stieß mit der Lanze in seine Seite, |
| 51 Da riss der Vorhang im Tempel von oben bis unten entzwei. Die Erde bebte, und die Felsen spalteten sich.<br>52 Die Gräber öffneten sich, und die Leiber vieler Heiliger, die entschlafen waren, wurden auferweckt. | 38 Da riss der Vorhang im Tempel von oben bis unten entzwei. | vgl. V.45 | und sogleich floss Blut und Wasser heraus.<br>35 Und der, der es gesehen hat, hat es bezeugt, und sein Zeugnis ist wahr. Und er weiß, dass er Wahres berichtet, damit auch ihr glaubt.<br>Denn das ist geschehen, damit sich das Schriftwort erfülle: |

| Mt 27,45-56 | Mk 15,33-41 | Lk 23,44-49 | Joh 19,28-37.25-27 |
|---|---|---|---|
| 53 Nach der Auferstehung Jesu verließen sie ihre Gräber, kamen in die Heilige Stadt und erschienen vielen. | | | »Man soll an ihm kein Gebein zerbrechen.« 37 Und ein anderes Schriftwort sagt: Sie werden auf den blicken, den sie durchbohrt haben.« |
| 54 Als der Hauptmann und die Männer, die mit ihm zusammen Jesus bewachten, das Erdbeben bemerkten und sahen, was geschah, erschraken sie sehr und sagten: Wahrhaftig, das war Gottes Sohn! | 39 Als der Hauptmann, der Jesus gegenüberstand, ihn auf diese Weise sterben sah, sagte er: Wahrhaftig, dieser Mensch war Gottes Sohn! | 47 Als der Hauptmann sah, was geschehen war, pries er Gott und sagte: Das war wirklich ein gerechter Mensch. 48 Und alle, die zu diesem Schauspiel geströmt waren und sahen, was sich ereignet hatte, schlugen an die Brust und gingen betroffen weg. | |
| 55 Auch viele Frauen waren dort und sahen von weitem zu; sie waren Jesus seit der Zeit in Galiläa nachgefolgt und hatten ihm gedient. 56 Zu ihnen gehörten Maria aus Magdala, Maria, die Mutter des Jakobus und Josef, und die Mutter der Söhne des Zebedäus. | 40 Auch einige Frauen sahen von weitem zu, darunter Maria aus Magdala, Maria, die Mutter von Jakobus dem Kleinen und Joses, sowie Salome; 41 sie waren Jesus schon in Galiläa nachgefolgt und hatten ihm gedient. Noch viele andere Frauen waren dabei, die mit ihm nach Jerusalem hinaufgestiegen waren. | 49 Alle seine Bekannten aber standen in einiger Entfernung (vom Kreuz), auch die Frauen, die ihm seit der Zeit in Galiläa nachgefolgt waren und die alles mit ansahen. | 25 Bei dem Kreuz Jesu standen seine Mutter und die Schwester seiner Mutter, Maria, die Frau des Klopas, und Maria von Magdala. 26 Als Jesus seine Mutter sah und bei ihr den Jünger, den er liebte, sagte er zu seiner Mutter: Frau, siehe, dein Sohn! 27 Dann sagte er zu dem Jünger: Siehe, deine Mutter! Und von jener Stunde an nahm sie der Jünger zu sich. |

Ein Vergleich der Texte macht deutlich, dass den Evangelisten offenbar nichts daran liegt, die *Fakten* möglichst genau wiederzugeben. Ihnen geht es vor allem um die *Deutung* des für alle Jünger Jesu und erst recht für die Adressaten der apostolischen Predigt unbegreiflichen, weil schmählichen Geschehens.

Auch bei nur oberflächlicher Lektüre wird erkennbar, dass die Evangelisten bei ihrer Darstellung in vielen Punkten nicht übereinstimmen und dass sie jeweils unterschiedliche Deutungen des Kreuzigungsgeschehens vornehmen. Den heutigen Texten liegt vermutlich ein sehr komplexer, mehrstufiger Überlieferungsprozess zugrunde: 1. »Urbericht« (einiger Augenzeugen?), 2. Bearbeitungen in der (mündlichen) Überlieferung *vor* den Evangelien, 3. Rezeption dieser Überlieferungen durch Markus (um 70), möglicherweise auch durch Johannes (um 100), 4. Überarbeitung der Markusfassung durch Matthäus und durch Lukas (zwischen 80 und 100), 5. Hereinnahme mündlicher Einzeltraditionen auf allen Stufen der Überlieferung.[48]

Schon bei *Markus* (vor allem Matthäus und Johannes sind ihm später gefolgt) ist eine ausgeprägte antijüdische Tendenz erkennbar: die Hohenpriester, die Schriftgelehrten (Mk 11,18; 14,1) und die Ältesten (Mk 1,27) wollen Jesus beseitigen, das Volk aber scheint Jesus (zunächst) zu achten und muss erst gegen ihn durch die Hohenpriester aufgehetzt werden (Mk 15,11).

Markus ist es aber auch, der durch das Einbringen theologischer Motive das Passionsgeschehen zu deuten versucht. Am deutlichsten ist dies festzustellen im Ruf des Gekreuzigten: »Mein Gott, mein Gott, warum hast du mich verlassen?« (Mk 15,34). Jesus wird hier der erste Vers eines Psalms (Ps 22) in den Mund gelegt, der im Übrigen durchzogen ist von großem Gottvertrauen. Dieser Psalm erscheint wie ein Textbuch der Passion und ihrer Auslegung – so die Verlosung der Kleider (V.17-19), die Verspottung des Gekreuzigten (V.7 f.), das Motiv des Durstes (V.16). Noch andere alttestamentliche Texte fließen in die Passionsdarstellung ein: Ps 69,21 f. (Essig für den Durst als Trank) und Jes 53,12 (Hinrichtung mit anderen Übeltätern). Der leidende Jesus wird damit in die lange Reihe leidender, verfolgter Menschen gestellt. Ihr Elend und ihre Gottverlassenheit, aber auch ihr Vertrauen und ihre Hoffnung kommen in der Klage dieser Texte zur Sprache.

Ein weiteres Motiv der markinischen Passionsdarstellung ist die Tempelkritik: Der Vorhang zerreißt, das Allerheiligste wird profaniert (Mk 15,38). Der Tod Jesu bedeutet den Bruch mit jeglicher Form kultischer Religiosität. Der Opferdienst von Kultpriestern gehört der Vergangenheit an. Der »Ort« Gottes ist von jetzt an »draußen« vor den Toren der heiligen Stadt Jerusalem (vgl. Hebr 13,12). Es ist die geschwisterliche Gemeinschaft der Glaubenden, die in der Nachfolge Jesu in einer von Liebe bestimmten Existenz den wahren Gottesdienst vollzieht (vgl. Röm 12,2).

Ein viertes markinisches Motiv ist zu sehen in dem Versuch, eine Antwort auf die Messias-Frage zu geben. Das Markusevangelium ist nämlich durchzogen von dem eigenartigen Schweigegebot über das Messias-Geheimis Jesu: »Er verbot ihnen, mit jemand über ihn zu sprechen« (Mk 8,30). Erst am Kreuz darf es durch einen Heiden (!) gelüftet werden (Mk 15,39; hier ist zu fragen, ob ein Nicht-Jude überhaupt um die genuin jüdische Messias- bzw. Sohn-Gottes-Erwartung wissen konnte – noch dazu um ihre typisch christliche Interpretation). Markus macht mit diesem Kunstgriff deutlich: Jetzt endlich, im leidenden Menschensohn, der den Verbrecher- und Sklaventod am Kreuz stirbt, erschließt sich das Wesen von Jesu Messias- und Gottessohn-Würde – nicht in großartigen Wundertaten oder weltweitem Herrschertum.

Der Evangelist *Matthäus* verstärkt die antijüdischen Tendenzen des Markusevangeliums. Wo bei Markus die »Schuld« am Tod Jesu noch etwa gleichgewichtig auf Pilatus und den Hohen Rat verteilt wird, akzentuiert Matthäus so, dass der Heide Pilatus und seine Frau Jesus für unschuldig bzw. gerecht erklären, das

»*ganze* Volk« (!) Israel dagegen die Verantwortung für seinen Tod auf sich nimmt. Vor allem das Wort: »Sein Blut komme über uns und unsere Kinder!« (Mt 27,19.24 f.) hatte und hat verheerende Folgen, die Matthäus freilich nicht ahnen konnte. Nach dem schrecklichen millionenfachen Judenmord im Dritten Reich kann es nur noch Scham und Entsetzen über die furchtbare Wirkungsgeschichte dieses Satzes geben. Diese Szene hat nie so stattgefunden; niemals in seiner Geschichte hat »das« jüdische Volk sich so verhalten.

Der Evangelist *Lukas* weicht erheblich von der markinischen Vorlage ab. Statt mit dem (An-)Klageruf »Mein Gott, mein Gott, warum hast du mich verlassen« stirbt Jesus mit den Worten aus dem Psalm 31,6: »Vater, in deine Hände übergebe ich meinen Geist.« Anders als bei Markus sieht der Hauptmann in Jesus nicht den »Sohn Gottes«, sondern (nur) einen »gerechten Menschen«. Offenbar möchte Lukas mit dieser Darstellung des Todes Jesu christlichen Blutzeugen ein Beispiel geben, wie sie den Martyrertod bestehen können (vgl. dazu Apg 7,59 f. und Lk 23,24).

Historisch betrachtet erscheint das Passionsgeschehen beim Evangelisten *Johannes* geradezu unwirklich: Jesus weiß schon vor seinem Tod, »dass alles vollbracht war.« Er spricht »Mich dürstet« (nur), »damit sich die Schrift erfülle« – in Wirklichkeit hat er selbstverständlich gar keinen Durst (Joh 19,28). Er »*spricht*: Es ist vollbracht!« (Joh 19,20) – ein (nach klinischem Befund des Kreuzigungstodes) dem Ersticken Naher kann nicht einmal einen lauten Schrei (Mk 15,37) von sich geben, er kann allenfalls röcheln. Und wie soll man sich vorstellen, dass Jesus unter rasenden Schmerzen noch die Fähigkeit besaß, sein Haupt zu *neigen* und (aktiv) seinen Geist aufzugeben (Joh 19,30)? Das Johannesevangelium verfolgt primär eine theologisch-christologische Intention. Es will deutlich machen: Jesus, der Gottessohn, ist bis zum Ende Herr der Lage und bestimmt souverän den Ablauf des Geschehens (vgl. dazu auch Joh 18,20 f. 36; 19,11.19-21; vorher: 6,6). Auch die Übergabe seiner Mutter an den Lieblingsjünger ist eine »ideale Szene«, die dem Leser des Evangeliums deutlich machen soll, dass Jesus selbst den Johannes zu seinem »Stellvertreter« ernannte und damit die von diesem bezeugte und im Evangelium zusammengefasste Überlieferung legitimierte (vgl. Joh 19,35; 21,24). Die Durchbohrung der Seite Jesu ist ebenfalls als symbolischer Akt zu sehen: das Blut verweist auf das Blut des Herrenmahles (Joh 6,52-58), das Wasser auf den durch Jesus vermittelten Geist (Joh 7,38 f.). Mit seiner überhöhten Theologisierung des Geschehens läuft der Evangelist allerdings Gefahr, der Kreuzigung Jesu ihre Brutalität und letztendlich auch ihre Realität zu nehmen.

## Hinabgestiegen in das Reich des Todes

Ägypter, Sumerer und Griechen kannten eine größere Anzahl von Geschichten, die vom Abstieg ihrer Gottheiten in die Unterwelt erzählen. Auch die Schriften des Alten Testaments kennen ein Totenreich, die *Scheol*. Sie ist ein »Land ohne Wiederkehr« (Ijob 7,9), in dem tiefe Finsternis (Ijob 10,21 f.) und Schweigen (Ps 94,17) herrschen. Hier versammeln sich die Toten zu ewiger Ruhe (Ijob 3,17-19; Sir 30,17).

In den Schriften des Neuen Testaments ist von einem Abstieg Christi zur *Scheol* keine Rede. Die ersten Zeugnisse, die davon sprechen, stammen aus dem 2. Jahrhundert. Sie wollen vor allem den sich in der Auferweckung ereignenden Sieg Christi auch über die Mächte der Finsternis und der Unterwelt herausheben.

Schon die mittelalterliche Theologie und Mystik (Mechtild von Magdeburg, ca. 1207-1282) verknüpft die »Höllenfahrt

Christi« (wie es in der bis 1974 im Credo verwendeten Übersetzung des lateinischen »descendit ad inferos« bzw. »... ad inferna« hieß) mit der menschlichen Erfahrung von Anfechtung und Leid, von Gottverlorenheit und Gottverlassenheit. »Hölle« heißt Unglücklich- und Verlorensein. Christus, der (später) zum Himmel auffährt, kommt als Verwundeter dorthin. Was er in der »Höllenfahrt« ausgestanden hat, nimmt er in der »Himmelfahrt« mit. Himmel schließt die Treue zum Irdischen, zum Schmerzhaften und Leidvollen mit ein. »Reif« für den »Himmel«, die höchste Höhe der Gotteinigung, ist der Mensch erst dann, wenn er die tiefste Tiefe der Gottverlassenheit durchlitten hat. »Erst dadurch wird man erwachsen im Glauben, erst dadurch paradoxerweise ›ganz‹. ›Ganz‹ heißt hier also nicht, dass alles Elend, alles Endliche und Sündige der Welt wegtherapeutisiert oder -meditiert ist. Es muss stattdessen transfiguriert, verklärt, aufgehoben werden – und das ist ›Himmel‹«.[49]

Die neuere Theologie greift diese existentielle Deutung auf und interpretiert den Glaubensartikel als Ausdruck der Solidarität Gottes mit den Verlorenen. Niemand, auch der verworfenste Sünder nicht, ist vom Heilshandeln Christi ausgeschlossen. Jesus geht ihnen nach – auch in die äußerste Finsternis des Leidens und ins tiefste Schweigen der Gottverlassenheit. Die Frage bleibt allerdings, ob es nicht sinnvoller wäre, diesen durchaus wichtigen Gedanken ins Glaubensbekenntnis so einzubringen, dass er leichter zu verstehen und weniger mythologisch befrachtet ist.

# Am dritten Tage auferstanden von den Toten

## Der »dritteTag«

### Die Symbolik der Dreizahl

In allen Kulturen und Religionen besitzt die Zahl eine besondere Symbolkraft. Vor allem die Drei nimmt dabei einen besonderen Rang ein. Sie ist ein uraltes Symbol der Vielheit, die sich wieder zur Einheit schließt. Wenn Zwei die Trennung und Scheidung bedeutet, so ist Drei das Symbol der Wiedervereinigung, der wiedergewonnenen Ganzheit.

Auch in den Schriften des Alten Testaments ist die Symbolik der Dreizahl häufig anzutreffen (hier nur im Hinblick auf *»drei Tage«* zusammengestellt):

- Drei Tage muss Israel ohne Wasser durch die Wüste wandern (Ex 15,22);
- drei Tage sucht man jemand vergeblich, womit dann auch alles getan ist, was man für ihn tun kann (2 Kön 2,17);
- drei Tage »hatten sie Beute zu machen, so groß war sie« (2 Chron 20,25);
- Ninive ist eine so große Stadt, dass man drei Tage braucht, um sie ganz zu durchwandern (Jonas 3,3);
- ein Ägypter, der halb verhungert aufgefunden wurde, kam nach dem Essen wieder zu sich, »er hatte drei Tage und drei Nächte nichts gegessen« (1 Sam 31,12);
- drei Tage flehen die Juden Gott an (2 Makk 13,12).[50]

Dreiergruppen finden sich auch im Neuen Testament:

- Drei Gaben der Sterndeuter aus dem Osten (Mt 2,11);
- drei Tage bleibt der zwölfjährige Jesus im Tempel (Lk 2,46);
- drei besondere Vertraute Jesu: Petrus, Jakobus, Johannes (Mk 1,29; 9,2; 14,33; Lk 8,51);
- drei Hütten auf dem Berg der Verklärung (Mk 9,5);
- drei Personen, die dem unter die Räuber Gefallenen begegnen (Lk 10,36);
- drei Tage liegt Lazarus im Grab (Joh 11,39);
- Kreuzigung Jesu um die dritte Stunde (Mk 15,25 parr.);
- drei Gekreuzigte auf Golgotha (Mk 15,27 parr.);
- drei Frauen am leeren Grab (Mk 16,1-8).

### Der dritte Tag bringt die Wende

Auch ins Glaubensbekenntnis hat die Dreizahl Einzug gehalten im Zusammenhang mit dem Bekenntnis zur Auferweckung Jesu. Allerdings kommen umfangreiche Untersuchungen zu dem Ergebnis, dass es sich bei der Formel »auferweckt am dritten Tag« (1 Kor 15,4) »keineswegs um eine eindeutige chronologische Angabe« handelt.[51] »Der dritte Tag bringt eine gute Wende. Es ist schwer zu sagen, ob hier jeweils eine ›Minderzahl‹, eine ›Runde Zahl‹ oder ein ›Symbolwert‹ verwendet ist. Die Bedeutungen gehen wohl ineinander über.«[52]

Legt man ein symbolisches Verständnis der Dreizahl zugrunde, so könnte »auferweckt am dritten Tag« etwa so »übersetzt« werden: *Schon nach kurzer Zeit hat Gott die Katastrophe des Kreuzes zum Guten gewendet.* Eine derartige Formulierung erscheint theologisch erheblich aussagekräftiger als eine chronologische Deutung – am *dritten* Tag, nicht früher und nicht später.

# Auferstanden von den Toten

Die Auferstehung Jesu von den Toten gehört zum Fundament des christlichen Glaubens. Freilich wird sie häufig missdeutet – als Rückkehr in das irdische Leben (und damit als historisches Ereignis wie seine Geburt, Taufe oder Kreuzigung) oder als mirakulöse Durchbrechung der Naturgesetze. Und deswegen stößt sie mehr und mehr auf Unverständnis und Ablehnung.

Dennoch: In nahezu allen neutestamentlichen Schriften ist von der Auferweckung Jesu in irgendeiner Form die Rede. Dabei ist zu unterscheiden zwischen Auferstehungs*bekenntnissen* (z.B. Apg 3,15; 1 Thess 1,10, Gal 1,1; Röm 10,9; 1 Kor 15,3-8 u.a.) und Auferstehungs*erzählungen* (leeres Grab: Mk 16,1-8; Mt 28,1-15; Lk 24,1-12; Joh 20,1-18; verschiedenartige und z.T. widersprüchliche Erscheinungserzählungen: Mk 16,9-20; Mt 28,16-20; Lk 24,13-53; Joh 20,19-31; 21,1-25).

## Auferstehungsbekenntnisse

Einer der ältesten Belege findet sich in dem um 50 von Paulus verfassten ersten Brief an die kleine Gemeinde in Thessalonich: »Gott hat Jesus von den Toten auferweckt« (1 Thess 1,10). In dieser eingliedrigen Formel (ähnlich auch: Röm 4,24; 8,11; 10,8-10; 1 Kor 6,14; 2 Kor 4,14; Gal 1,1; Kol 2,12; Eph 1,20) ist stets von einer Auferweckung (durch Gott) die Rede (ebenso wie bei einer Reihe anderer Stellen in der Apostelgeschichte: Apg 2,24; 32; 3,13.15, 4,10; 5,30-31; 10,40; 13,30; 17,31). Auffällig ist, dass der Name Jesus ohne christologische Würdetitel (»Messias«, »Christus«, »Herr«, »Sohn Gottes«) genannt wird. Die Formel legt offensichtlich Wert darauf, dass das auferweckende Handeln Gottes aller späteren Auszeichnung des Mannes aus Nazaret vorausging.

Bemerkenswert erscheint auch, dass zuvor weder das Sterben Jesu noch sein Begräbnis erwähnt werden.[53] Offenbar ist die

Auferweckung bzw. Auferstehung Jesu ein so wichtiges Element, das schon für sich allein ausreicht, um ein ganzes Glaubensbekenntnis zu füllen. Von besonderem Gewicht ist dabei die Feststellung, dass die Auferweckung als Heilstat *Gottes* bezeichnet wird. Weil Gottes Wirken als solches aber nur für den Glaubenden erfahrbar wird, kann es einem Ungläubigen nicht einfach »zur Information« mitgeteilt werden. Die Auferweckung Jesu wird damit als *Glaubens*tatsache, nicht aber als historisches Faktum qualifiziert. Darum kann sich das Bekenntnis zur Auferweckung Jesu auch einer Sprache bedienen, die dem Alltag entnommen ist: Auferwecken und Auferstehen (im griech.: anástasis = Aufstehen und égersis = Aufwecken) sind alltägliche Vorgänge, die allerdings durch den Kontext »Tod« eine andere Dimension und Perspektive erhalten als das Aufstehen oder Aufwecken vom Schlaf.

Vereinzelt taucht die Verbindung »Tod – Auferstehen/Aufgewecktwerden« bereits im vorchristlichen Judentum auf, wenn etwa bei Jesaja davon die Rede ist, dass »die Leichen wieder aufstehen werden« (Jes 26,19) oder dass »von denen, die im Land des Staubes schlafen, viele erwachen« werden (Dan 12,2). Immer aber geht es dabei um ein für die Zukunft erwartetes Ereignis, das alle Menschen oder wenigstens alle Gerechten betrifft. Im Bekenntnis zur Auferweckung Jesu aber wird gesagt, dass sie schon stattgefunden hat und dass ein Einzelner, nämlich Jesus von Nazaret, davon betroffen ist. Hier geht es nicht um die »Auferstehung der (= aller)Toten«, sondern um die »Auferstehung (eines Einzelnen) *von den Toten*« (vgl. Joh 2,22; 20,9; Apg 4,2; Röm 4,24 u.a.). Freilich ist, so sieht es jedenfalls Paulus, die von Gott erwartete Auferweckung *aller* Toten die Voraussetzung für die Auferweckung des *einen* Toten. Wenn Gott nicht die Macht hätte, alle Toten zu erwecken, hätte er auch Jesus nicht erwecken können (vgl. 1 Kor 15,12-18).

Ein schon etwas ausgestaltetes Bekenntnis enthält der Erste Korintherbrief (etwa 54 n.Chr.): »Vor allem habe ich euch überliefert, was auch ich empfangen habe: Christus ist für unsere Sünden gestorben, gemäß der Schrift, und ist begraben worden. Er ist am dritten Tag auferweckt worden, gemäß der Schrift, und erschien dem Kephas, dann den Zwölf. Danach erschien er mehr als fünfhundert Brüdern zugleich; die meisten sind entschlafen. Danach erschien er dem Jakobus, dann allen Aposteln. Als Letztem von allen erschien er auch mir, dem Unerwarteten, der ›Missgeburt‹« (1 Kor 15,3-8). Es deutet sich hier die Tendenz an, die einfachen Bekenntnisformeln zu erweitern und sie erzählend auszuschmücken. Es kann kein wissenschaftlich vernünftiger Zweifel daran bestehen, dass es sich hier allesamt um sekundäre Bildungen späterer christlicher Gemeinden handelt, die damit bestimmte nachösterliche Ziele verfolgen und sie in der damals geläufigen literarischen Form einer Erzählung zum Ausdruck bringen.

### *Erscheinungserzählungen*

Zunächst sind hier die verschiedenartigen und sich z.T. gegenseitig widersprechenden Erscheinungserzählungen zu erwähnen (Mk 16,9-20; Mt 28,16-20; Lk 24,13-53; Joh 20,19-31; 21,1-25). Sie sind erwachsen aus dem Bemühen und wohl auch aus dem Bedürfnis der Gemeinde, das ursprünglich recht karge Osterbekenntnis zu veranschaulichen und daraus Konsequenzen für die jeweilige Gemeindepraxis abzuleiten (vgl. v.a. Mt 28,19: Taufpraxis; Mk 16,16: Wichtigkeit des Glaubens; Lk 24, 28-32: Eucharistiegemeinschaft; Joh 21,15-23: Stellung des Petrus und Bedeutung der Jüngerschaft überhaupt; Gal 1,16 und 1 Kor 15,8: Legitimation für die Verkündigungstätigkeit des Apostels Paulus).

Dass die Inhalte dieser Erzählungen allesamt in deutlicher Spannung zueinander stehen, darf nicht verwundern. Denn wir wissen nicht, wie der Osterglaube letztlich entstanden ist. Historisch fassbar ist nur die mehrfach bezeugte Tatsache, dass sich unter den resignierten und in ihrem Glauben an Jesus zutiefst erschütterten Jüngerinnen und Jüngern ziemlich plötzlich und unerwartet die Gewissheit ausbreitete: Jesus lebt, er ist nicht tot, Gott hat ihn auferweckt. Einziger erkennbarer und aus den Schriften des Neuen Testaments ablesbarer Grund für diese radikale und überraschende Wende waren die »Erscheinungen«.

»Er erschien« – so bezeugen es zu wiederholten Malen die neutestamentlichen Schriften. Das dafür verwendete griechische Wort »óphtä« ist ein Passivum und müsste eigentlich übersetzt werden mit »er wurde gesehen«, »er wurde gezeigt«, »er ließ sich sehen«. »óphtä« ist seinem Inhalt nach nicht näher zu bestimmen. Es kann damit gemeint sein ein geistliches Sehen, ein visionäres Wahrnehmen, eine blitzartig aufleuchtende Erkenntnis, ein existentielles Gewisswerden, vielleicht auch ein (damit verbundener oder auch isoliert erfahrener) ekstatischer Vorgang. In der Septuaginta, der griechischen Übersetzung des hebräisch geschriebenen Alten Testaments, taucht dieses Wort immer dann auf, wenn von einer Gotteserscheinung die Rede ist – bei Abraham, Isaak, Mose (vgl. Gen 12,7; 25,23; Ex 3,2 u.a.). Für einen mit den alttestamentlichen Schriften vertrauten Leser oder Hörer wird mit »óphtä« erkennbar, dass es sich um eine Epiphanie, um ein *göttliches* Erscheinen handelt.

Paulus greift auf diesen Sprachgebrauch zurück, wenn er die Erscheinungen des auferweckten Jesus vor Kephas, den Zwölf, den 500 Brüdern, dem Jakobus, allen Aposteln und vor ihm selbst erwähnt (1 Kor 15,5-8). An anderen Stellen beschreibt er diese Erfahrung als ein »Sehen des Herrn« (1 Kor 9,1), als »Offenbarung des Sohnes Gottes« (Gal 1,15 f.) und als »Aufleuchten des göttlichen Glanzes auf dem Antlitz Christi« (2 Kor 4,6). Seine Ausführungen in 1 Kor 15,35-58 erlauben zudem die Annahme, er stelle sich die Existenzweise des Auferweckten und Erschienenen nicht als Rückkehr in eine irdische, sondern als Offenbarwerden einer geistlich-himmlischen Leiblichkeit vor (V.44: griech:

»sóma pneumatikón«, Deutsche Einheitsübersetzung: »überirdischer Leib«). »Bei dem Phänomen, das Paulus in solcher Weise beschreiben kann, handelt es sich offenbar nicht um einen empirisch-verifizierbaren, sondern eher um einen visionären Vorgang, der sich nicht in der äußeren Realität, sondern in seinem Inneren ... abspielte.«[54]

Manche Exegeten sind aufgrund dieses Befundes geneigt, die Erscheinungen des Auferweckten mit der Terminologie der Psychologen als Halluzinationen zu erklären. Der Begriff »Halluzination« wurde bis in die Gegenwart hinein meist pathologisch verstanden. Das hat sich inzwischen geändert. Für die neuere Psychologie sind Halluzinationen Erlebnisse, die nicht durch einen äußeren Sinnesreiz hervorgerufen werden, aber dennoch den Realitätscharakter und die Intensität von Sinneswahrnehmungen haben. Das geschieht durch einen veränderten Bewusstseinszustand oder genauer durch eine »Veränderung der Ich-Aktivität« (Chr. Scharfetter).[55] Charakteristisch für Halluzinationen ist, dass sich alles auf der irdischen Ebene bewegt, dass das Geschaute stark realistisch und konkret aufgefasst wird, dass die psychischen Voraussetzungen nicht mit Verzückung im eigentlichen Sinne zu tun haben und dass der Halluzinierende selbst meint, er sehe das von ihm Geschaute mit dem normalen Sehvermögen. Das Gefühl, man sei selber der Initiator seiner Vorstellungen, Gedanken und Gefühle, ist so eingeschränkt, dass man mehr oder weniger unabweisbar den Eindruck hat, das, was man erlebt, komme von außen und von einem anderen Wesen – in jedem Fall unbeeinflusst vom eigenen Ich. Eben diese Züge sind auch für die Christus-Erscheinungen, wie sie in den Evangelien geschildert werden, typisch.[56]

Ein erhöhtes Auftreten von Halluzinationen ist, nach den empirisch gesicherten Ergebnissen der Psychologie, vor allem bei krisenhaften Lebensereignissen (»life events«) zu beobachten – etwa beim Verlust einer nahe stehenden Person, bei schwerer Krankheit oder bei Kriegserlebnissen.[57] »Halluzinationen können so als eine intrapsychische Bewältigungsform stressreicher Ereignisse verstanden werden«[58] – im Fall der Ostererscheinungen als »intrapsychischer Bewältigungsmechanismus eines durch den Tod Jesu als kritisches Lebensereignis ... ausgelösten Bewältigungsprozesses.«[59]

Es wäre durchaus vorstellbar, dass auch die Erscheinungen vor den Jüngern, insbesondere vor Kephas (1 Kor 15,5-7), sich psychologisch so erklären ließen. »Wahrnehmungsstörungen im Zusammenhang mit dem Verlust des Liebesobjektes gehören zu den Derealisationserfahrungen (Verminderung bzw. Aufhebung der Wirklichkeitswahrnehmung, N.S.), die mit dem Trauerprozess verbunden sind. Die Welt, in der der Trauernde mit dem Verstorbenen lebt, scheint noch nicht tot zu sein, aber sie hat an Realität verloren. Verzerrung der Realität ist ein Versuch, den Toten in der gemeinsamen Welt festzuhalten ... Die Bedürfnisbefriedigung im weiteren Sinn und die Interaktion, die von dem Verstorbenen ausging, sind abgebrochen, aber das Unbewusste hat sich nicht damit abgefunden, sondern benutzt gerade die Organe, die wesentlich an der Bildung des Realitätsprinzips beteiligt sind, um sich eine Scheinbefriedigung zu verschaffen« (Y. Spiegel[60]).

Die Möglichkeit einer solchen psychologischen Erklärung der Erscheinungen kann nur den erschrecken oder verunsichern, der sich nicht zu der biblischen Grundüberzeugung bekennt, dass Gott in der menschlichen Geschichte wirkt und (allein) durch sie erfahrbar wird.[61] Es ist keineswegs die Rede davon, dass Visionen oder Halluzinationen den Auferstehungsglauben *bewirkt* haben. Dagegen spricht die Beobachtung, dass bei der Darstellung dieser Erscheinungen nirgendwo originäre oder überraschend andere Bildmotive auftauchen, die über das in der apokalyptischen Tradition bereits vorgegebene Material (»Auferstehen«, »Auferwecktwerden«, »am dritten Tag«) hinausgehen. Offensichtlich haben die frühen Zeugen nur das »gesehen«, was ihnen theologisch und symbolisch aus der Überlieferung bekannt war. Der Sache nach ist das »Gesehenwerden« des Auferstandenen wohl am angemessensten zu beschreiben als eine – abstrakt gesagt – intrapsychische Bewältigung des Schocks der Kreuzigung und als theologisch-existentielle Interpretation des nun bei Gott als fortlebend geglaubten Jesus. Diese neue Weise der Gegenwart Jesu führt strukturell die vorösterliche Jüngerschaft fort, siedelt sie nun aber auf einer neuen, höheren, »göttlichen« Qualitätsstufe an.

Die Echtheit der Osterzeugnisse ist zu sehen in der Tatsache, dass dieses Widerfahrnis einer »Erscheinung« des getöteten Jesus das Leben der Betroffenen, ihren Erfahrungshorizont und ihre Existenz so grundlegend dauerhaft verändert hat, dass aus dem Fischer Kephas ein »Menschenfischer« Petrus und aus dem Christenverfolger Paulus ein Bote des Evangeliums wurden.

Freilich: die Glaubwürdigkeit der Zeugen und die Ernsthaftigkeit ihres Zeugnisses allein genügen noch nicht. Sie sind für sich allein kein hinreichender Grund für den Glauben an Jesus, den Christus. Denn selbst wenn es sich bei den Erscheinungserzählungen um eindeutige und über jeden Zweifel erhabene Zeugenaussagen von tatsächlichen Begebenheiten handelte, würden sie für uns nicht mehr bedeuten als die historische Gewissheit, dass Menschen in ferner Vergangenheit eine derartige Erfahrung gemacht haben. Wir kämen dann über die Glaubwürdigkeit geschichtlicher Zeugnisse und Zeugen nicht hinaus. Es wäre fatal, wenn wir eingestehen müssten, dass die eminente Bedeutung Jesu für uns sich allein ableiten und bezeugen ließe auf Grund formaler und dem Wirken des historischen Jesus gegenüber letztlich sachfremder Kriterien, nämlich der Glaubwürdigkeit von Zeugen: Nur weil Maria aus Magdala, weil Petrus, weil Jakobus, weil Paulus glaubwürdige Menschen waren, denen ich abnehme, dass sie weder gelogen noch phantasiert haben, glaube ich an Jesus. Nicht aber: Weil Jesus selbst, sein Leben und Handeln, seine Botschaft und sein Sterben, für mich zureichender Grund des Glaubens sind.

Das leere Grab findet nur bei den vier Evangelisten Erwähnung (Mk 16,1-8; Mt 28,1-15; Lk 24,1-12; Joh 20,1-18). Freilich ist sich zumindest Matthäus darüber im Klaren, dass ein leeres Grab keinerlei Beweiskraft für die Tatsächlichkeit der Auferstehung Jesu besitzt (vgl. Mt 27,62-66).

Warum wird es dann überhaupt erwähnt? Man könnte darauf erwidern: Weil es eben tatsächlich von den zwei bzw. drei Frauen am Ostermorgen so vorgefunden wurde (vgl. Mt 28,1; Mk 16,1-8). Bei genauerem Hinsehen zeigt aber schon die Erzählung des Markusevangeliums manche Spannungen im Text. Was will der Evangelist eigentlich? Will er nur berichten, was am ersten Tag der Woche geschehen ist? Dagegen spricht die Tatsache, dass man einen Toten nicht erst am dritten Tag (hier chronologisch verstanden!) einbalsamiert. Das haben auch die anderen Evangelisten, denen der Markustext vorlag, erkannt; sie erwähnen darum die Salbung gar nicht mehr (vgl. Mt 28,1; Lk 24,1; Joh 20,1). Auch die Überlegungen der Frauen, wer den Stein wegwälzen solle, lassen die anderen Evangelisten weg, weil sie wohl gemerkt hatten, dass auch hier nicht alles zusammenpasst (die Frauen wussten um die Schwere des Steins und hätten, zumal bei einem Besuch »in aller Fühe«, entsprechendes Hilfspersonal mitnehmen müssen). Und schließlich wirft auch die Anwesenheit eines »jungen Mannes« Probleme auf (bei Lk 24,4 befinden sich »zwei Männer in leuchtenden Gewändern« am Grab; bei Joh 20,1 ist niemand dort).

Auffällig ist ferner, dass der ursprüngliche Schluss des Markusevangeliums wie abgehackt wirkt: »Da verließen sie (die Frauen) das Grab und flohen; denn Schrecken und Entsetzen hatte sie gepackt. Und sie sagten niemand etwas davon (dass sie den Leichnam Jesu nicht im Grab gefunden hatten, N.S.); sie fürchteten sich nämlich« (Mk 16,8). Der Text erweckt den Eindruck, als hätte irgend jemand hier etwas abgeschnitten. Denn kann mit der

Schilderung von Schrecken, Entsetzen, Furcht und Flucht eine Schrift enden, die ausdrücklich vom Autor als »Frohbotschaft« charakterisiert wird (vgl. Mk 1,1)? Wenn aber im ursprünglichen Text des Markusevangeliums noch ein kürzerer oder längerer Abschnitt auf den Vers 16,8 gefolgt war (was zu vermuten ist), wer könnte ein Interesse daran gehabt haben, ihn zu tilgen? Und warum? Sollte er tatsächlich nur »zufällig« abhanden gekommen sein?

Diese Fragen haben zu allerlei Spekulationen Anlass gegeben, die in der Annahme gipfeln, dieser Abschnitt habe erzählt, dass Jesus gar nicht gestorben, sondern nur scheintot gewesen sei. Josef von Arimathäa, der den nur scheinbar Toten vom Kreuz abgenommen und in ein neues Grab gelegt habe, sei vor Tagesanbruch mit einigen Helfern gekommen, um die Leiche zu waschen und einzubalsamieren. Da habe er bemerkt, dass Jesus atme und aus schwerer Ohnmacht »aufgewacht« sei. Er habe ihn sofort in seinem Haus in Sicherheit gebracht. Als Jesus nach einiger Zeit wieder zu Bewusstsein gekommen sei, habe er als Erstes darum gebeten, die Jünger und vor allem Petrus zu benachrichtigen. Sie sollten sich nach Galiläa begeben. Er werde dorthin kommen und sie treffen, sobald er dazu in der Lage sei. Der junge Mann, den die Frauen am leeren Grab antrafen, sei beauftragt worden, sie darüber zu informieren. Nach seiner vollständigen Genesung habe sich Jesus ganz aus dem vorderen Orient entfernt und sei schließlich in Kaschmir gestorben, wo noch heute sein Grab gezeigt und verehrt werde.[62]

Diese »Scheintod-Hypothese« hat auch unter Christen zahlreiche Anhänger gefunden. Deswegen wird sie hier erwähnt. Doch nicht nur die gesamte Tradition, sondern auch gewichtige Argumente sprechen recht eindeutig gegen sie. Wie konnte Jesus nach den Strapazen der Geißelung und Kreuzigung so schnell wieder völlig gesund werden? Wo hatte er sich bis zu seiner völligen Genesung in Galiläa aufgehalten? Hätten ihn nicht seine Feinde und Gegner sofort wiedererkannt und das den römischen

Besatzern gemeldet? Und hätten die ihn nicht bald aufgestöbert und dann endgültig mundtot gemacht? Oder war Jesus »untergetaucht«? Sollte er, der von einem überaus starken Erwählungs- und Sendungsbewusstsein geprägt war, sich fortan in Schweigen gehüllt haben? Sollte er, der sich zu den »verlorenen Schafen des Hauses Israel« (Mt 10,6) gesandt wusste, wie ein bezahlter Knecht, der nicht Hirte ist und dem die Schafe nicht gehören, sie im Stich gelassen haben und geflohen sein (vgl. Joh 10,11-15)? Und noch dazu so weit weg – nach Kaschmir? Das alles ist schwer vorstellbar.

Doch es bleibt die Frage, warum Markus die offenbar im frühen Christentum vorhandene Tradition von einem leeren Grab aufnimmt und welche Absichten er damit verbindet. Auffällig ist, dass der »junge Mann in weißen Kleidern« nicht darauf hinweist, dass das Grab leer sei, sondern dass er sagt: »Hier ist der Ort, wo man ihn hingelegt hat« (Mk 16,6). Diese Worte »decken sich fast mit einer stehenden Redewendung der christlichen Pilgerliteratur. Die Formel ›Dies ist der Ort, wo ...‹ oder Variationen dieser Formel sind besonders häufig und scheinen in den Mund von Mönchen, Priestern und Bischöfen zu gehören, die an den heiligen Plätzen den Besuchern die Erklärungen geben« (B. v. Jersel[63]). Es war in jener Zeit häufig üblich, zu den Gräbern der Heiligen Israels zu pilgern. Diesen Brauch könnten jüdische Christen übernommen haben und zum Grab Jesu gepilgert sein.[64] Es wäre also denkbar, dass »christliche Pilger schon recht früh das Grab Jesu besuchten, wie jüdische Pilger die Gräber der Patriarchen und anderer heiliger Männer und Frauen besuchten. Beim Grab wurde den Pilgern die Geschichte erzählt, die von Markus in 16,1-8 verarbeitet worden ist ... Die Erzählung unterscheidet sich allerdings bedeutend von vergleichbaren Orts-Traditionen, weil sie die Bedeutung des betreffenden Ortes ganz und gar relativiert. Es ist zwar der Platz, wo Jesus beigesetzt wurde, aber ›Er ist nicht hier‹. Er ist nicht gegenwärtig, wie andere Tote in ihren Gräbern gegenwärtig sind, weil er auferstanden ist. So werden die Pilger vom

Grab weggewiesen und müssen sich mit der Osterbotschaft ›begnügen‹: ›Er ist auferstanden; er ist nicht hier‹« (B. v. Jersel[65]).

Vor einigen Jahren hat eine Veröffentlichung für Irritationen gesorgt, die die Auferweckung Jesu damit widerlegen wollte, dass sie behauptete: »Das Grab war voll.«[66] Dazu ist zunächst einzuräumen, dass es eine objektive, historisch gesicherte Bestätigung für die Auferweckung Jesu nicht gibt. Die Auferweckung Jesu und seine Erscheinungen sind keine Ereignisse, die von einem neutralen und distanzierten Beobachter hätten wahrgenommen werden können. Jesus ist nicht mit seinem »alten« irdischen Leib auf wunderbare Weise durch verschlossene Türen hindurchgekommen (was übrigens im Evangelium gar nicht behauptet wird; vgl. Joh 20,19. Und außerdem: Warum hätte dann eigentlich der Stein weggewälzt werden müssen, wenn der Auferweckte ohnehin durch verschlossene Türen hindurchkommen kann?; vgl. Mk 16,4). Der Leichnam Jesu ist nicht wieder belebt worden und ins irdische Leben zurückgekehrt, sondern »Gott hat ihn auferweckt«. Jesus ist nicht wieder der »alte«, sterbliche Mensch geworden, der er vor seiner Kreuzigung war, sondern er ist als »Erster der Entschlafenen« zu einem »zweiten Menschen« geworden (1 Kor 15,20.47). Die Leiblichkeit des Auferweckten ist eine andere: »Gesät wird ein irdischer Leib, auferweckt ein überirdischer Leib« (1 Kor 15,44).

Wenn daher irgendjemand heute in Jerusalem ein Grab finden würde, das zweifelsfrei als das Grab Jesu identifiziert werden könnte (was freilich faktisch unmöglich ist), und wenn darin Knochenreste eines Mannes lägen, die ebenso zweifelsfrei als Überreste des Leichnams Jesu zu gelten hätten (was ebenfalls rein hypothetisch ist), dann würde das in keiner Weise gegen die Auferweckung Jesu sprechen. Ein »volles« Grab spricht nicht *gegen* und ein »leeres« Grab nicht *für* die Auferweckung Jesu. Das war schon dem Evangelisten Matthäus bewusst (vgl. Mt 27,62-66). Dass Jesus auferweckt wurde, erschloss sich nur den Glaubenden (vgl. Lk 24,13-28 mit Lk 24,29-35).

Das aber heißt nun im Klartext: Die Erzählung vom Grab Jesu kann nicht als Information über tatsächlich geschehene Ereignisse behandelt werden; ihre Aufgabe und Bedeutung liegt allein in der Verkündigung und Bekräftigung der Osterbotschaft. Ob leeres oder volles Grab – »Zur Auferstehung Jesu haben wir keinen Zugang, der außerhalb des Kreises von Glaube und Hoffnung liegen könnte« (B. v. Jersel[67]).

## Aufgefahren in den Himmel; er sitzt zur Rechten Gottes, des allmächtigen Vaters

»Himmel« ist hier in einem anderen Sinn zu verstehen als das, was weiter oben im Zusammenhang mit der Erschaffung von »Himmel« und Erde gemeint ist. »Himmel« bedeutet hier: der göttliche Bereich, die umfassende Gemeinschaft mit Gott. Matthäus verwendet »Himmel« in seinem Evangelium sogar als Synonym für »Gott« (vgl. z.B. Mt 5,3 mit Lk 6,20; Mt 13,11 mit Mk 4,11).

Himmelfahrtserzählungen waren in der Antike nichts Außergewöhnliches. Auch das Alte Testament kennt die »Aufnahme« des Patriarchen Henoch (Gen 5,24) und die Himmelfahrt des Propheten Elija im feurigen Wagen (1 Kön 2,1-14).

Im Neuen Testament weiß nur Lukas in seinem Doppelwerk (Lk und Apg) von einer »Himmelfahrt« Jesu zu erzählen.[68] Um dieses Geschehen nicht unmittelbar an die Auferweckung anschließen zu müssen, schiebt der Evangelist einen längeren Zwischenzustand für eine irdische Wirksamkeit des Auferstandenen ein: »Vierzig Tage hindurch ist er ihnen erschienen und hat vom Reich Gottes gesprochen« (Apg 1,3). Die Symbolzahl 40 wird im Alten und Neuen Testament häufig verwendet zur Bestimmung besonderer von Gott gesetzter Zeitabschnitte – der Gnade (Ex 16,35), des Friedens (Ex 3,11), der Buße (Dtn 9,18). Mose war 40 Tage und 40 Nächte auf dem Berg (Ex 24,18), das Volk Israel war 40 Jahre in der Wüste (Dtn 1,3), 40 Jahre hatte das Land Ruhe, als Othniël Richter war (Ri 3,11), Elija wanderte 40 Tage zum Horeb (1 Kön 19,8), Jesus war 40 Tage in der Wüste (Mk 1,13).

Die Verwendung der »40« würde dann bedeuten: Die Gegenwart des Auferweckten ist für die Menschen eine Zeit der Gnade, des Friedens und der Buße, aber auch eine Zeit der Vorbereitung und Erwartung auf seine Wiederkunft. Jesus ist jetzt ganz »umhüllt« von der Herrlichkeit Gottes; er ist »verschwunden« in der Sonne, die Gott ist.

Die Tatsache, dass Lukas die beiden Himmelfahrtsszenen keineswegs gleich gestaltet (vgl. Lk 24,50-53 und Apg 1,9-11), macht (wiederum) deutlich, dass es ihm nicht um die Schilderung eines historisch fassbaren, raum-zeitlichen Geschehens geht. Die verwendeten Stilmittel und Motive (Segensgestus, Wolke, Deuteengel) erinnern an alttestamentliche Vorgaben (Segen: Gen 1,22; 12,2 f.; Spr 3,33; Deuteengel: Sach 1,9). Die Wolke als Zeichen der verhüllten Gegenwart Gottes (vgl. Ex 14,20; 16,10; 24,15 Num 11,25; Mk 9,6 parr.) weist darauf hin, dass Jesus nun endgültig in die »Herrlichkeit Gottes« eingegangen ist. Sie kündet aber auch die erwartete Wiederkunft Christi an, die »auf den Wolken des Himmels« geschehen soll (vgl. Lk 21,27 parr.).

Die »Himmelfahrt Christi« führt zu einem herrscherlichen »Sitzen zur Rechten des Vaters«. Das Sitzen auf einem hohen Thron galt in allen orientalischen Religionen als die eigentliche Haltung der Gottheit und dessen, der ihre Stelle vertritt – des Lehrenden, des Richtenden und des Herrschenden. Der Thronsitz ist Symbol der Herrschaft.

Auch das Alte Testament verwendet dieses Bild: Jahwe sitzt auf einem hohen und erhabenen Thron (Jes 6,11; vgl. Kön 22,19). Der israelitische König wird von Jahwe aufgefordert, sich als Platzhalter zu seiner Rechten zu setzen (Ps 110,1). Diesen Ehrenplatz wird auch der erwartete Messias einnehmen: »Die Herrschaft liegt auf seiner Schulter; man nennt ihn: Wunderbarer Ratgeber, Starker Gott, Vater in Ewigkeit, Fürst des Friedens. Seine Herrschaft ist groß, und der Friede hat kein Ende. *Auf dem Thron Davids* herrscht er über sein Reich; er festigt und stützt es durch Recht und Gerechtigkeit, jetzt und für alle Zeit« (Jes 9,5 f.).

Die »Himmelfahrt« Christi und sein »Sitzen zur Rechten des Vaters« gehören von Anfang an zum Grundbestand kirchlicher Glaubensbekenntnisse. Sie sind zu verstehen »als einprägsame Illustration der christologischen Erkenntnis der Erhöhung Jesu ..., nicht als Beschreibung eines historisch fassbaren Ereignisses« (J.M. Nützel[69]).

# Von dort wird er kommen, zu richten die Lebenden und die Toten

## Die Erwartung der Wiederkunft Christi

Die Zeit Jesu war geprägt von der ungeduldigen Erwartung, dass der ersehnte Messias die Befreiung von der verhassten römischen Fremdherrschaft und die Wiederherstellung des Reiches Israel im alten Glanz der davidischen Dynastie bringen würde.

Weil Jesus in diesem Sinne keine politischen Absichten verfolgte, musste er es daher ablehnen, sich als Messias anreden zu lassen. Vermutlich hat er sich wegen der engen Beziehung, ja Gleichsetzung zum Messiastitel auch nicht öffentlich als Menschensohn bezeichnet. Als Kind seiner Zeit sprach er lediglich vom *kommenden* Menschensohn (vgl. Lk 18,8). Dass manche in ihm dennoch den Messias bzw. den Menschensohn sahen, konnte er freilich kaum verhindern (vgl. Mk 8,27-30 parr.; 15,26.32).

Christliche Kreise fühlten sich durch die Ostererfahrung später berechtigt, das, was in der frühjüdischen Literatur über den Menschensohn gesagt war und von ihm erwartet wurde, auf den auferweckten und erhöhten Jesus zu übertragen: »In den Tagen nach der großen Not ... wird man den Menschensohn mit großer Macht und Herrlichkeit auf den Wolken des Himmels kommen sehen. Und er wird die Engel aussenden und die von ihm Auserwählten aus allen vier Windrichtungen zusammenführen« (aus dem so genannten »apokalyptischen Flugblatt«: Mk 13,24-27; vgl. Dan 7,13; Sach 2,10). Paulus meint in dem um 50 geschriebenen Thessalonicherbrief, dass er und seine Zeitgenossen »auf den Wolken in die Luft entrückt« werden – »dem Herrn entgegen« (1 Thess 4,17). Man wollte sogar wissen, dass Jesus selbst diesen Tag als unmittelbar bevorstehend angekündigt habe: »Diese Generation wird nicht vergehen, bis das alles geschieht« (Mk 13,30; Mt 24,34; Lk 21,32). Den genauen Zeitpunkt konnte allerdings auch er nicht nennen (Mk 13,32; Mt 24,36).

Als sich die hochgespannten Erwartungen nicht erfüllten und die Parusie Christi (griech.: parousía = Wiederkunft) ausblieb, kam eine allgemeine Ernüchterung auf. Man sah sich genötigt, eine längere »Zwischenzeit« zwischen der Erhöhung Jesu und seiner Wiederkunft einzuräumen. Manche stellten sich sogar besorgt die Frage, ob der Menschensohn, wenn er kommt, auf der Erde überhaupt noch Glauben vorfinden wird (Lk 18,18). Fast unbemerkt vollzog sich der Abbau der apokalyptisch-politischen

Naherwartungs-Spekulation zugunsten einer personal-ethisch verstandenen, immer währenden Erwartung der Vollendung im Tod jedes Einzelnen. Schließlich blieb von der Erwartung nur noch die blasse Hoffnung übrig, wie sie in den Glaubensbekenntnissen ihren Ausdruck gefunden hat: »... von dort wird er kommen, zu richten die *Lebenden* (vgl. 1 Thess 4,17) und die Toten.«

## Das Gericht

Die Erwartung des Weltendes und die Hoffnung auf eine Auferstehung der Toten sind bei vielen Religionen verbreitet. Seltener aber ist die Vorstellung eines letzten Gerichts anzutreffen.

Das Alte Testament erwartet ein Gericht Gottes zunächst nur als Strafgericht über die Sünder: »Die Frevler werden im Gericht nicht bestehen« (Ps 1,5). Im Laufe der Zeit wird das Gericht ausgeweitet zum Gericht über die Völker (Ps 9,5-9) und schließlich auch über das Volk Israel (Am 4,12). Dabei wird Jahwe seine Größe offenbaren, die Völker werden erzittern (Hab 3,6). Vor allem in den Reden der Propheten spielt das Gericht als »Tag Jahwes« eine wichtige Rolle (vgl. Jes 13, 7 f.). Dieser Tag kann jederzeit hereinbrechen. Geradezu dringlich aber wird er erwartet in der Krisenzeit des zweiten und ersten vorchristlichen Jahrhunderts. Bis ins Detail wird das Geschehen ausgemalt (vgl. Jes 66; Dan 7,9 f.; Weish 1-5). Der Gedanke an das Gericht führt schließlich so weit, dass Gottes Sieg erst vollkommen erscheint, wenn die ganze Welt vernichtet ist. Das Weltgericht wird zum Weltuntergangsszenario.

Von dieser Erwartung des unmittelbar bevorstehenden göttlichen Strafgerichts ließ sich nach dem Zeugnis des Evangelisten Lukas auch Johannes der Täufer anstecken: »Ihr Schlangenbrut, wer hat euch gelehrt, dass ihr dem kommenden Gericht entrinnen könnt? Bringt Früchte hervor, die eure Umkehr zeigen ... Schon ist die Axt an die Wurzel der Bäume gelegt; jeder Baum, der keine gute Frucht hervorbringt, wird umgehauen und ins Feuer geworfen« (Lk 3,7-9). Offenbar fand er mit seinen Drohworten breiten Anklang, denn, so auch wieder Lukas, »das Volk zog in Scharen zu ihm hinaus« (Lk 3,7). Auch Jesus ruft nach dem Zeugnis der synoptischen Evangelien mit zahlreichen Gerichtsworten und Gleichnissen seine Zuhörerinnen und Zuhörer zur Umkehr auf (vgl. Mt 11,21-24 par.; Mk 8,11-13 parr.; 9,43-48).

Es ist daher nicht verwunderlich, dass die jungen christlichen Gemeinden angesichts dieser vielfältigen Ankündigungen und Drohungen in ständiger Erwartung des Gerichts lebten. Für Paulus findet das Gericht freilich nicht mehr am »Tag *Jahwes*«, sondern am »Tag *Christi*«, am Tag der Wiederkunft des Auferweckten, statt (1 Kor 1,8; Phil 1,6.10). Nicht Jahwe, sondern Christus wird auch der Richter sein (2 Kor 5,10). Die Evangelisten malen die Gerichtsszenerie weiter aus. Am nachdrücklichsten hat sich dabei die eindrucksvolle Version des Matthäusevangeliums in den Vorstellungen der Christenheit eingeprägt (Mt 25,31-46). Der Akzent wird mehr und mehr von einer machtvollen Gotteserscheinung im Angesicht der Völker auf die endgültige Belohnung und Bestrafung jedes Einzelnen durch den »Menschensohn« verschoben. Der kommende Richter wird Tun und Lassen *jedes* Menschen dem Maßstab der *universal geltenden* Nächstenliebe unterstellen. Jeder Einzelne – ob Christ oder Nicht-Christ – hat sich bereits gerichtet durch die Art und Weise, wie er sich gegenüber den Ärmsten und Geringsten unter seinen Mitmenschen verhalten hat. Wie der Mensch *hier und jetzt* den im Nächsten verborgenen Christus begegnet, ereignet sich für ihn *hier und jetzt* schon das Gericht (vgl. Mt 25,37-40.44-46). Auch Paulus versichert seiner Gemeinde in Korinth, dass jeder »sich selbst das Gericht isst und trinkt«, wenn er (beim eucharistischen Mahl) gemeinschaftswidrig und unsozial handelt (1 Kor 11,17-34). Wer am Nächsten achtlos vorübergeht, spricht sich selbst das Urteil, weil er »das Recht und die Liebe zu Gott außer Acht lässt« (Lk 11,42). Das »Gericht« ist nichts anderes als die endgültige Summe aus den vielen kleinen und großen Gerichten des Lebens.

Die neuere Theologie nimmt von der Vorstellung des Gerichts als Strafgericht eines zürnenden, Angst und Schrecken einjagenden Gottes Abstand und betont die vom Evangelium geweckte Hoffnung auf Vergebung und Versöhnung, der sich der Mensch freilich in seinem Leben verweigern und sich so sein endgültiges Urteil selber sprechen kann. Weil in diesem Gericht Jesus selbst es sein wird, der die Lebens-Summe zieht, darf der gläubige Christ die berechtigte Hoffnung hegen, dass der Richter (wie das schon in jedem weltlichen Gericht geschieht) »in dubio pro reo«, im Zweifel für den Angeklagten, sprechen wird und dass die Schuld nicht von vornherein feststeht, sondern dass sie (ebenfalls wie im weltlichen Gericht) nachgewiesen wird. Letztlich wird es die Aufgabe dieses göttlichen Richters (anders als die des irdischen Staatsanwalts) sein, nicht nur die Vergehen, sondern auch (und vor allem!) die guten Seiten und Taten des Angeklagten zu berücksichtigen.[70]

In kirchlichen Dokumenten findet sich seit 1336 die Lehre vom »zweifachen Gericht«[71] – einem individuellen, besonderen »gleich nach dem Tod« und einem allgemeinen »am Ende der Zeiten«. Diese Unterscheidung bringt nicht geringe Vorstellungsschwierigkeiten mit sich: Wo halten sich die schon individuell gerichteten Toten auf? Müssen alle Heiligen und Seligen – incl. Maria! – noch eine Weile auf die ihnen bereits zugesprochene ewige Seligkeit warten – bis nach dem Endgericht? Die neuere Theologie nimmt daher vom Gedanken eines zweifachen Gerichts Abstand. Sie vertritt die Ansicht, dass schon im Tod jedes Einzelnen auch die ganze Welt vor das Gericht treten wird.[72] Das klingt reichlich kühn und zunächst höchst unglaubwürdig. Denn mit dem Tod des Einzelnen vergeht die »ganze Welt« keineswegs; sie bleibt scheinbar unberührt davon bestehen. Und der Mensch bedarf dieser Welt; er ist »Geist in Welt« (K. Rahner).

Doch – das ist bei diesen Überlegungen zu bedenken – der Mensch ist Teil dieser Welt, Gott aber *nicht*. Er ist »in dieser Welt jenseitig« (D. Bonhoeffer). Er geht nicht *in* Raum und Zeit auf, sondern transzendiert Raum und Zeit. Er ist ewig. »Gib ihnen die ewige Ruhe ...«, so betet die katholische Kirche für die Verstorbenen; »heimgegangen in die Ewigkeit ..., ins ewige Leben« sind gebräuchliche Umschreibungen für den Eintritt des Todes. Zur Ewigkeit muss der Mensch *berufen* werden (1Tim 6,12), weil er ja grundsätzlich gerade nicht ewig leben soll (Gen 3,22).

Mit »Ewigkeit« und »Zeit« stoßen zwei »Größen« aufeinander, die nicht miteinander zu verrechnen sind, weil Gott und Welt nicht einfach miteinander zu verrechnen sind. Ewigkeit ist nicht eine über sich selbst ins Unendliche hinauswachsende Zeit. »Ewigkeit (=) lange Zeit«, wie es in einem früher häufig gesungenen Kirchenlied heißt, ist ein Widerspruch in sich. Ewigkeit geht nicht der Zeit voran. Sie folgt ihr auch nicht nach. Vielmehr ist Ewigkeit gleich-zeitig aller Zeit, wie Gott aller Zeit gleich-zeitig ist. Jeder Augenblick der Zeitenfolge ist der Ewigkeit gleich nahe, weil Gott jedem Augenblick der Zeit gleich nahe ist. Es kommt allein auf den Blickwinkel an, unter dem ich die Aussage »im Tod jedes Einzelnen wird auch die ganze Welt vor das Gericht treten« (G. Greshake) betrachte. Vom *»ewigen«* Gott her gesehen ereignen sich der (zeitliche) Tod des Einzelnen *und* das (zeitliche) Ende der ganzen Welt »gleich-*zeitig*«. Vom mit der Zeit lebenden und in der Zeit sterbenden Menschen aus betrachtet, steht das (End-) Gericht noch (lange?) aus.

Aus dieser Perspektive relativiert sich die Unterscheidung zwischen einem individuellen Gericht »nach dem Tod« und einem allgemeinen Gericht »am Ende der Zeiten«. Diese Vorstellung »meint nicht eine doppelte, zeitlich auseinander gezogene oder sachlich getrennte Gerichtsszene, sondern hebt verschiedene Aspekte des einen, immer zugleich persönlich und universal sich vollziehenden Vollendungsgeschehens hervor, das sich sowohl im Tod jedes einzelnen Menschen wie auch im Prozess des Hineinsterbens aller Menschen und ihrer Welt in das vollendete Leben Gottes hinein ereignet« (M. Kehl[73]).

# Der heilige Geist

## Gottes Geist im Zeugnis der Bibel

Wenn man die Häufigkeit des Vorkommens zum Maßstab nimmt, so gehört der »Geist« (Gottes) nicht zu den zentralen Themen und Begriffen des Alten Testaments; die Angaben schwanken zwischen 60 und 80 Belegen.

Die ältesten Zeugnisse legen dar, wie der Geist Gottes, die »ruach-Jahwe«, Menschen ergreift und in Verantwortung nimmt. Besonders häufig ist vom Wirken des Gottesgeistes die Rede in der Zeit politischer Umwälzungen am Anfang der Volkwerdung Israels. Während Mose nach dem Zeugnis der Schrift von Jahwe selbst berufen wird (Ex 3; 4), ist es der Geist, der den begonnenen Prozess weitertreibt und in neue Bahnen lenkt. Die »ruach-Jahwe« kommt über einen bis dahin ziemlich unbedeutenden Kriegsmann namens Otniël und macht ihn zum »Richter«, zu einem der charismatischen (= geistbegabten) Führer des Volkes (vgl. Ri 3,10; 6,34; 11,29). Beim Übergang von der Richter- zur Königszeit ist es wiederum der Gottesgeist, der nunmehr den ersten König Saul und danach David beruft (1 Sam 10,6; 16,13). In der bittersten Zeit Israels, in der politischen Katastrophe des Exils, ist es erneut die »ruach«, die in aller Hoffnungslosigkeit und Resignation den Umbruch in Aussicht stellt.

Auch vom Messias wird erwartet, dass der Geist des Herrn sich auf ihn niederlassen und er die Gaben des Geistes empfangen werde: Weisheit, Einsicht, Rat, Stärke, Erkenntnis und Gottesfurcht; »Er richtet nicht nach dem Augenschein, und nicht nur nach dem Hörensagen entscheidet er, sondern er richtet die Hilflosen gerecht und entscheidet für die Armen des Landes, wie es recht ist. Er schlägt den Gewalttätigen mit dem Stock seines Wortes und tötet den Schuldigen mit dem Hauch seines Mundes. Gerechtigkeit ist der Gürtel um seine Hüften, Treue der Gürtel um seinen Leib. Dann wohnt der Wolf beim Lamm, der Panther liegt beim Böcklein. Kalb und Löwe weiden zusammen, ein kleiner Knabe kann sie hüten. Kuh und Bärin freunden sich an, ihre Jungen liegen beieinander. Der Löwe frisst Stroh wie das Rind. Der Säugling spielt vor dem Schlupflloch der Natter, das Kind streckt seine Hand in die Höhle der Schlange. Man tut nichts Böses mehr und begeht keine Verbrechen auf meinem ganzen heiligen Berg; denn das Land ist erfüllt von der Erkenntnis des Herrn, so wie das Meer mit Wasser gefüllt ist. An jenem Tag wird es der Spross aus der Wurzel Isais sein, der dasteht als Zeichen für die Nationen; die Völker suchen ihn auf; sein Wohnsitz ist prächtig« (Jes 11,2-10).

Immer wieder weisen die Evangelien darauf hin, dass Jesus von Gottes heiligem Geist erfüllt ist. Empfängnis und Geburt sind geistgewirkt (vgl. Lk 1,35; 2,26). Bei der Taufe im Jordan kommt der Geist auf ihn herab in Gestalt einer Taube (Mk 1,10 parr.).[74] Besonders häufig spricht der Christus des Johannesevangeliums vom (Heiligen) Geist. Jesus selbst ist es, der den Geist als Beistand verheißt. Der Vater wird ihn senden. Er wird den Jüngern die Offenbarung Gottes immer tiefer erschließen und sie zu weltüberwindend-missionarischem Zeugnis befähigen (vgl. Joh 14,26; 15,26 f.). Der Geist bewirkt geradezu eine Neuschöpfung, eine neue Geburt (Joh 3,5 f.). Zwar wird auch der Glaubende sterben, aber was der Geist in ihm aufgebaut hat, wird nicht zerstört, sondern von Gott einst vollendet werden (Joh 11,24 ff.).

Im Johannesevangelium (verfasst um 100 n.Chr.) wird jenes neue Denken und Handeln zu deuten versucht, das in den Gemeinden Platz gegriffen hatte – oder was man zumindest als

Frucht der Übernahme des Lebensentwurfs Jesu davon erwartete und erhoffte. Wenn der Geist Gottes am Werk ist, dann *muss* einfach etwas geschehen. Dabei braucht man die eigentliche Ursache gar nicht zu erfahren, denn »der Wind (Geist) weht, wo er will; du hörst sein Brausen, weißt aber nicht, woher er kommt und wohin er geht« (Joh 3,8). Die junge christliche Gemeinde war, sofern man der Apostelgeschichte glauben darf, »ein Herz und eine Seele« (Apg 4, 32). Sie räumte Schranken beiseite, mit denen sich sonst Menschen von Menschen abgrenzen: Besitz, Rasse, Geschlechtszugehörigkeit (vgl. Gal 3,28). Eine neuer Geist hatte jene erfasst, die sich von Person und Sache Jesu in Pflicht nehmen ließen.

In der Apostelgeschichte hat Lukas in kunstvoller Komposition aufzuzeigen versucht, dass derselbe Gottesgeist, der in Jesus am Werk war, auch die Apostel ergriffen hatte und sie dazu befähigte, Ähnliches, ja Gleiches wie er zu tun. Wie auf Jesus bei der Taufe, so kommt auf sie an Pfingsten der Geist herab (Apg 2,1-4). Und dann beginnt – von Lukas in erkennbare Parallele gesetzt – der Geist bei Petrus unter den Juden und bei Paulus unter den Heiden zu wirken. Beide heilen einen Gelähmten (Apg 3,1-10;14,8-10); beide wecken Tote auf (Apg 9,36-41;20, 7-12); beide befreien »Geplagte von unreinen Geistern« (Apg 5,18;16,16-18); beide werden wunderbar aus dem Kerker errettet (Apg 12,6-10;16,24-32); beide treten immer wieder wortgewaltig in Predigten auf (Apg 2,14-36;17,22-31 u.a.). Das messianische Heilshandeln des geisterfüllten Jesus setzt sich fort im Werk seiner geisterfüllten Jünger – bei Juden und Heiden. Der Geist befähigt Menschen zu furchtlosem Einsatz für das Reich Gottes und verleiht ihrem Wirken überraschenden und überwältigenden Erfolg. Der Geist Gottes lässt Menschen das tun, was auch Jesus in der Kraft dieses Geistes getan hat: Gefangene befreien, Blinde heilen, Lahme zum Gehen bringen, Verzweifelten und Entmutigten Hoffnung schenken. Mit Jesus ist tatsächlich die vom Propheten Joël angekündigte messianische

Heilszeit angebrochen: der Geist ist nicht nur mehr über einzelne Gottesmänner und Propheten ausgegossen, sondern »über alles Fleisch, auch über Knechte und Mägde« (Joel 3,1 f.; vgl. Jes 11,2). Nun ist es so weit, dass Jahwe nicht nur als der »Vater Israels« (Jes 31,9), sondern als »Vater aller« (Eph 4,6) offenbar geworden ist.

## Von der Erfahrung des Gottesgeistes zur Lehre vom Heiligen Geist als Person

Schon in den jüngeren Schriften des Alten Testaments zeigt der Gottesgeist manchmal Eigenschaften, wie sie einer menschlichen Person zukommen. Eine Fortschreibung dieser Entwicklung spiegelt sich vor allem im Johannesevangelium. Zunehmend wird die Frage diskutiert: Ist die Geist-Erfahrung lediglich das Gewahrwerden einer besonderen Gabe oder Begabung, die dem Menschen von Gott geschenkt wird? Sind die Auswirkungen der Erfülltheit mit »heiligem Geist« nur zurückzuführen auf Begeisterung und Enthusiasmus für die Sache Jesu? Oder ist hier mehr am Werk? Ist es die Erfahrung eines eigenen göttlichen Gebers?

Gern wurde früher die Taufformel im Matthäusevangelium (Mt 28,19) als Belegstelle dafür herangezogen, dass neben »Vater« und »Sohn« auch der »Heilige Geist« als eigene, dritte göttliche Person erscheint. In der neueren Schrifterklärung wird diese Auffassung kaum noch vertreten. Sie sieht in der Formel eine Zusammenfassung der Unterweisung für Heiden, die sich taufen lassen wollten. Diese mussten ihren verbreiteten Polytheismus aufgeben und sich zu dem einen Gott, dem *Vater*, bekennen; sie sollten ihren bisherigen Lebensentwurf neu orientieren und ihn an Jesus, dem »*Sohn* Gottes«, ausrichten; sie mussten ihr Leben »im Fleisch« zugunsten des neuen Leben »im *Geist*« verändern (vgl. Gal 5,13-26). Die Tauffomel spiegelt also die Situation der Heidenmission wider und fasst formelhaft-einprägsam die grundlegenden Veränderungen zusammen, die für das Christwerden in diesem Umfeld kennzeichnend waren.[75]

Drei Jahrhunderte lang ist weder ausdrücklich von einer göttlichen Dreifaltigkeit noch selbst vom Heiligen Geist als Gott die Rede. Erst 358 bekannte sich eine kleinasiatische Synode ausdrücklich zur Gottheit der in der trinitarischen Taufformel angerufenen »Personen«.[76] Weitere regionale Synoden griffen die Anregung auf. Dagegen vermied es Athanasius, der bedeutendste »westliche« Theologe jener Zeit (ca. 300-373), den Geist ausdrücklich als »Gott« zu bezeichnen.

Auf dem Konzil von Konstantinopel (381) setzte sich schließlich jene Richtung durch, die für ein ausdrückliches Bekenntnis zur Gottheit des Heiligen Geistes eintrat. Der 3. Artikel des nicaenischen Glaubensbekenntnisses wurde ergänzt: »... an den Heiligen Geist, den Herrn und Lebensspender, der aus dem Vater hervorgeht und mit dem Vater und dem Sohn mitangebetet und mitverherrlicht wird, der durch die Propheten gesprochen hat.«[77] Allerdings wurde auch hier die Gottheit des Geistes nicht direkt, sondern nur indirekt ausgesagt.

Die folgenden Jahrhunderte sind im Hinblick auf die Rede von Geist Gottes dadurch gekennzeichnet, dass mehr und mehr die Spekulation über das »Wesen« des Geistes in den Vordergrund trat und immer weniger von den Erfahrungen seines Heilswirkens, von seiner Befähigung zu großen Taten und zu mutigem Einsatz gesprochen wurde. Die Frage lautete nicht mehr: Wo *wirkt* der Geist und wie *erfahre* ich ihn?, sondern: Wer ist der Geist und in welchem Verhältnis steht er zu Gott, dem Vater, und zu Jesus, dem Sohn, dem Christus?

Diese Entwicklung enthält eine gefährliche Tendenz. Auf Erfahrungen kann niemand festgelegt werden. Erfahrungen lassen Spielräume und Interpretationsmöglichkeiten offen, geben Anregung zu eigenem Nach-Denken, machen Mut zu eigenem Erfahren. Sätze und Begriffe aber sind geschlossen; sie lassen sich zwar interpretieren, aber nur innerhalb eines engen, vorgegebenen Rahmens. Mit Begriffen kann gestritten, auf Formeln kann der Gegner festgelegt werden.

Zu welch schwer wiegenden kirchlichen und politischen Konsequenzen der Kampf um die Annahme oder Ablehnung bestimmter Sätze und Formeln in Bezug auf die »richtige« Lehre vom Heiligen Geist führen kann, zeigt sich im 9. und 10. Jahrhundert beim Streit um das »filioque« (= lat. »und dem Sohne«). Vordergründig ging es dabei um die biblisch nicht begründbare und theologisch ziemlich unbedeutende Frage, ob der Heilige Geist aus dem Vater *und* dem Sohne (»filioque«) oder ob er »aus dem Vater *allein*« hervorgehe. Im Hintergrund waren Machtfragen zwischen westlicher und östlicher Theologie der eigentliche Motor. Mangelnde Gesprächsbereitschaft der kirchlichen Vertreter und der politische Druck, den Kaiser Heinrich II. auf Papst Benedikt VIII. ausübte, führten schließlich 1054 zum Auseinanderbrechen der Kirchengemeinschaft zwischen Ost und West. Wie schwer es ist, diese Spaltung zu heilen, zeigen die mühsamen Wiederannäherungsversuche der neueren ökumenischen Bewegung. Zu sehr haben sich die Positionen der offiziellen Vertreter beider Seiten verfestigt, zu kompromisslos stehen sich noch immer die beiden »amtlichen« Lehrmeinungen gegenüber – allen Bekundungen guten Willens zum Trotz.

# Exkurs: Ein Bekenntnis zur Dreifaltigkeit Gottes fehlt im Credo

## Zur Entstehung des christlichen Trinitätsglaubens

Auffällig ist, dass im Apostolischen Glaubensbekenntnis eine ausdrückliche Erwähnung der Dreifaltigkeit Gottes fehlt. Ein unvoreingenommener, mit der christlichen Theologie nicht vertrauter Mensch könnte allenfalls eine »Zweifaltigkeit« vermuten: »Ich glaube an Gott ... und seinen eingeborenen Sohn.« Über eine wie immer geartete Beziehung des Heiligen Geistes zu Gott bzw. zum Sohn wird nichts ausgesagt (... »Ich glaube an den Heiligen Geist«). In der Tat definierte das erste ökumenische Konzil von Nicaea (325) nur die »Gleichwesentlichkeit« des »Sohnes« mit dem »Vater«. Die ersten Entwürfe des Apostolischen Glaubensbekenntnisses sind kurz danach entstanden. Erst das Zweite Ökumenische Konzil, das 381 in Konstantinopel stattfand, sprach auch dem Heiligen Geist göttliches Sein zu. Diese Rede fand ihren Niederschlag im Nizäno-konstantinopolitanischen Glaubensbekenntnis: »... an den Geist, den herrscherlichen und lebendigmachenden, der aus dem Vater hervorgeht, der mit dem Vater und dem Sohn mitangebetet und mitverherrlicht wird, der gesprochen hat durch die Propheten«.

Aus dem Bekenntnis zu einem »zweifaltigen« Gott (Vater und Sohn) wurde damit das Bekenntnis zu einem »dreifaltigen« Gott (Vater, Sohn und Heiliger Geist). Dieser Schritt aber fand keineswegs überall begeisterte Aufnahme. Denn die Rede von einem dreifaltigen Gott war neu und wurde von konservativen, auf das Festhalten am »bewährten Alten« bedachten Christen jener

Zeit mit Empörung abgelehnt. Theologen, die von der Dreifaltigkeit Gottes sprachen, wurden als »Drei-Götter-Gläubige«, als Tritheisten, beschimpft.[78]

Der Disput zog sich über gut zwei Jahrhunderte hin. Um die sprachliche Fassung der neuen Lehre wurde lange und hart gerungen. Die neutestamentlichen Schriften gaben dafür kaum etwas her. Sollte aber das Gespräch mit der heidnischen Philosophie ernsthaft und mit Aussicht auf Verständnis oder gar Übereinkunft aufgenommen bzw. weitergeführt werden, musste der Versuch gewagt werden, die Glaubensüberlieferung rational zu durchdringen und sprachlich-begrifflich zu fassen. Das Problematische an dieser Entwicklung bestand freilich in der Tatsache, dass damit die Wege zu einer ganzheitlichen, sowohl rationalen wie emotional-affektiven, mystischen Gotteserfahrung mehr und mehr versperrt wurden. Von Gott und seinem Wirken im Volk Israel und in der Gestalt des Mannes aus Nazaret wurde nicht mehr einladend und für eigene Entdeckungen und Erfahrungen Mut machend erzählt. An die Stelle der Erzählung traten die Lehre und der Begriff, nicht selten als pures Schlagwort missbraucht. Die Gotteserfahrungen der Geschichte wurden in den Hintergrund gedrängt. Und damit verloren die Begriffe ihre Anschauung.

Im Hinblick auf die Bestimmung der Göttlichkeit des Geistes und seines Verhältnisses zu »Gott-Vater« und »Gott-Sohn« fand dabei wiederum der »Person«-Begriff Anwendung, der schon bei der Christologie eine wichtige Rolle gespielt hatte. Ein weiterer Begriff, der ebenfalls in der Christologie bereits eingeführt worden war, kam hinzu: »Wesen«.

Das Konzil von Nizäa (325) hatte erklärt: »Wir glauben ... an den einen Herrn Jesus Christus, den Sohn Gottes, als Einziggeborener aus dem Vater *gezeugt* (in der griech. Fassung; die latein. Fassung des Bekenntnisses verwendet »natus«= geboren), das heißt aus dem Wesen (griech.: ousía, lateinisch: substantia) des Vaters, Gott von Gott, Licht vom Lichte, wahrer Gott vom wahren Gott, gezeugt nicht geschaffen, wesenseins (griech.: homo-óusios; lat.: unius substantiae) mit dem Vater ...«[79] Im Jahre 381 wurde der Begriff in Bezug auf Jesus Christus sogar ins Nizäno-konstantinopolitanische Glaubensbekenntnis aufgenommen: »homooúsion to patrí« bzw. »consubstantialem patri«. Ganz klar erschien allerdings nicht, was mit dieser Wortschöpfung genau gemeint war.[80]

Erst das Fünfte Ökumenische Konzil von Konstantinopel (553) schrieb eine einheitliche Sprachregelung vor, ohne freilich eine verbindliche Auslegung der verwendeten Begriffe mitzuliefern: »Wer nicht ›die‹ eine Natur bzw. Wesenheit (ousia, substantia), ›die‹ eine Kraft und Macht, ›die‹ wesensgleiche (homoousios, consubstantialis) Dreifaltigkeit und ›die‹ eine Gottheit des Vaters, des Sohnes und des Heiligen Geistes bekennt, die in drei Hypostasen bzw. Personen (prósopa, personae) angebetet wird, der sei ausgeschlossen.«[81]

Die hier verwendeten abstrakten begrifflichen Formen begannen allmählich, sich zu verselbstständigen. Sie erinnerten nicht mehr an die Geschichte Gottes mit den Menschen, an Wort und Wirken des Mannes aus Nazaret und an die Erfahrungen mit einem lebenschaffenden und antreibenden Gottesgeist. »Der lebendige Geschichtsglaube der Schrift und Tradition drohte in abstrakten Formeln zu erstarren, die zwar sachlich korrekt sind, die aber, wenn sie von der Heilsgeschichte isoliert werden, für den existentiellen Glauben unverständlich und funktionslos werden« (W. Kasper[82]).

## Vorschlag für eine neue Rede von dem *vielfältig* sich mitteilenden einen Gott

Wenn, wie oben bereits dargelegt, die Dreizahl in der Bibel vornehmlich symbolisch verstanden wurde, so ist zu fragen, ob vielleicht auch die »drei« in der christlichen Dreifaltigkeitslehre nicht numerisch, sondern symbolisch zu deuten ist. Ob sie wirklich ein reales Zahlenverhältnis in Gott ausdrücken soll oder ob sie nicht eher verschlüsselt etwas aussagen will über die eigenartige Vielfalt menschlicher Erfahrungen mit dem einen Gott. Dem folgenden Vorschlag für eine neue Rede von dem vielfältig sich mitteilenden einen Gott wird darum versuchsweise ein symbolisches Verständnis der Dreizahl zu Grunde gelegt.

### Gott vor uns, Gott mit uns, Gott in uns

Die unterschiedlichen Gotteserfahrungen der Stämme des Volkes Israel ließen jeweils ein anderes »Angesicht« Gottes (vgl. Ex 33,20; 1 Chr 16,11) erkennbar werden. Dieser Gott erschien nicht als eine einzige immer gleiche »Größe«, sondern stets »fremd«, »neu« und überraschend »anders«. Sein »Name« – Jahwe: »Er-ist-da« – musste jeweils mühsam ausgemacht und gleichsam neu buchstabiert werden. So wurde Jahwe erfahren – wie ein Vater, wie ein König, wie ein Herr, wie ein mächtiger und grausamer Kriegsheld, wie ein Sippen- und Familienoberhaupt, wie ein rätselhafter Unbekannter, wie eine liebende Mutter, wie die personifizierte Weisheit, wie eine »Geistin«, wie Feuer, Blitz und Erdbeben, wie ein sanftes Säuseln eines zarten Windes, wie eine Donnerstimme im Schall der Posaunen, wie ein leise mahnender Ruf im Inneren des Menschen.

In all diesen unterschiedlichen Erfahrungen bemühte sich das Volk dennoch, seinen einen und *einzigen* Gott »Jahwe« zu erkennen, besser: wieder zu erkennen. Gott musste »geeinigt« werden. Darum bezeichnet der fromme Jude das Bekenntnis zur Einzigartigkeit und Einheit Gottes noch heute als »Gott einigen«. Die Deutung und der Gottesbezug der vielen, oft reichlich widersprüchlichen historischen Geschehnisse und der nicht selten weit auseinander gehenden individuellen Erfahrungen suchender und nachdenklicher Menschen jener Zeit musste und muss immer wieder zu einer Einheit zusammengefügt werden. Nur so lässt sich trotz allem Wandel und aller Verschiedenheit das durchgängige Wirken eines einen und einzigen Gottes erkennen und bekennen.

Ein »einigendes« Bekenntnis, das die Bildrede von »Vater«, »Sohn« und »(Heiliger) Geist« und das damit gegebene mögliche Missverständnis einer Dreipersönlichkeit Gottes in unserem heutigen Sinne (Person als Individuum) vermeidet, gleichzeitig aber die überkommene »Drei«-Zahl der Gotteserfahrungen beibehält, könnte so aussehen:

Gott ist Jahwe, der »Ich-bin-da«, weil er trotz aller Unterschiede seiner Erfahrbarkeit immer derselbe bleibt: Er ist die Quelle alles Lebens, der Schöpfer und Erhalter der Welt, der vor seinem Volk Herziehende und inmitten seines Volkes Wohnende, der die Seinen Liebende und für sie Sorgende, der immer wieder in allem Vorangehende und der schließlich alles in seine geöffneten, liebenden und erwartenden Hände Aufnehmende und Vollendende:

- Gott ist *Gott-vor-uns* (in doppeltem Sinn als Ursprung und Ziel).

  Christinnen und Christen glauben und bekennen, dass dieser »Gott-vor-uns« sich den Menschen in besonderer und einzigartiger Weise genähert hat in Jesus, dem Mann aus Nazaret. In ihm ist Gott zum Bruder aller Menschen geworden; er hat Leib und Leben, Not und Tod mit ihnen geteilt; er begegnet uns in jedem Geringsten (Mt 25,40.45) und ist so bei uns »alle Tage bis zum Ende der Welt« (Mt 28,20):

- Gott ist *Gott-mit-uns*, der »Immanuel« (Jes 7,14).

  Gott ist das unsichtbare Lebensprinzip alles Geschaffenen und Gewordenen. Er ist nimmer erlahmende Triebkraft und Ansporn. Er ist Anwalt der Unterdrückten und Entrechteten, weiterführender Lehrer der Suchenden und Fragenden (Joh 14,26), Stimme der Bedrängten und Entmutigten (Lk 12,12), Tröster der Leidenden und Sterbenden. Er ist die alles und alle verbindende Gemeinschaft und Liebe (Röm 5,5):

- Gott ist G*ott-in-uns* (1 Kor 2,10).

  Gott ist »drei«-faltig: In ihm leben wir, bewegen wir uns und sind wir (Apg 17,28). Auf unzählige Weisen ist er in unserem Leben für uns erfahrbar. Unendlich ist die Zahl der Variationen, in denen er sich uns offenbart, in denen er das Geheimnis seines Wesens etwas lüftet, in dem wir ihn wie durch einen Schleier wahrzunehmen vermögen. Aber Gott ist trotz dieser vielfältigen Erfahrungsweisen nicht eine Vielheit, die sich zerfranst und unübersichtlich wird. Er ist für uns erfahrbar als eine Vielheit, die sich in ihrer Offenbarung wieder zur Einheit schließt:

- Als »Drei«-faltiger ist der eine und einzige Gott: *Gott vor uns, Gott mit uns, Gott in uns.*

### Gott Vater, Gott Sohn, Gott Heiliger Geist

Vor diesem Verständnishintergrund lässt sich auch ein neuer Zugang zu den traditionellen Bildern »Vater«, »Sohn« und »Heiliger Geist« in der christlichen Trinitätstheologie gewinnen:

- All jene Erfahrungen mit Gott, die in ihm ein zeugendes und/oder schaffendes, ein führendes und sorgendes, ein tragendes und haltendes, ein leitendes und richtungweisendes, ein umfassendes und bergendes Prinzip offenbar werden lassen, werden gleichsam gebündelt in dem Bild-Symbol

  ***»(Gott) Vater«.***

- All jene Erfahrungen mit Gott, die in ihm (wie in Jesus von Nazaret) das Kleine und Unscheinbare, das Hilfsbedürftige und Niedrige, das Ohnmächtige und Ausgelieferte, das mit uns Menschen gleichsam »unten« und »nebenan« auf einer Ebene Stehende offenbaren, werden gebündelt in dem Bild-Symbol
  ***»(Gott) Sohn«.***

- All jene Erfahrungen mit Gott, die in ihm etwas überraschend Anderes und Beunruhigendes, etwas Aufbrechendes und Vorwärtstreibendes, etwas im Menschen selbst Lebendiges und Wieder-Lebendigmachendes offenbar werden lassen, werden gebündelt in dem Bild-Symbol
  ***»(Gott) Heiliger Geist«.***

Richtiger wäre es freilich, auf Grund dieser Erfahrungen von einem »vielfältig-einen« Gott zu sprechen. Da aber nach uralter Menschheitsweisheit die »Drei« eine heilige Zahl ist, mit der symbolisch die sich wieder zur Einheit schließende Vielheit angezeigt wird (die beiden sich öffnenden Katheten des Dreiecks werden durch die Hypotenuse wieder zusammen gebracht), erscheint es gerade in der christlichen Tradition sinnvoll und angemessen, dieses Gottes-Symbol aufzunehmen und sich zu einem »drei«-faltigen Gott zu bekennen. Denn Gott ist für Christen nicht nur – wie in anderen Völkern und Religionen auch – als der Hohe und Erhabene, als der Machtvolle und Gewaltige, als der Schöpfer und Erhalter offenbar geworden, sondern im Jesus-Geschehen auch und vor allem als der Niedrige und Kleine, als der Sich-Entäußernde und ohnmächtig der Menschengewalt Ausgelieferte. Und im (Heiligen) Geist als der verborgen Wirkende, als der untergründig Antreibende, als der innerlich Tröstende. So verstanden ist der Glaube an den »drei«-faltigen Gott, an Gott »Vater«, Gott »Sohn« und Gott »Heiliger Geist« ein Wesensmerkmal des christlichen Glaubens.

# Die heilige katholische/allgemeine Kirche

## Wurzeln

Die Wurzeln der Kirche gehen zurück bis zu jenen Gestalten des Glaubens, die – nach jüdisch-christlicher Überzeugung – von Gott als Initiatoren seines Heils- und Freiheitshandelns herausgerufen wurden. Herausrufen heißt auf Griechisch »ek-kaléo«; davon leitet sich ab das Substantiv »ekklesía« (lat. ecclesia, frz. église). Herausgerufen sahen sich Abraham und Mose (Gen 12,1; Ex 3,4), die Führer und Könige des Volkes Israel (Num 1,16; 1 Sam 3,4-8), die Propheten (Jes 6,4-8; Jer 1,4-10) und schließlich das Volk Israel als Ganzes (Hos 11,1; Jes 40,9; 49,1). Diese besondere Berufung und »Auserwählung« wurde keineswegs als willkürliche Bevorzugung betrachtet, sondern viel eher als Indienstnahme für andere, als Beauftragung mit und Zuweisung von vermehrten Pflichten. Die eigentliche und wahre Wurzel der christlichen Kirche ist Israel (vgl. Röm 11,16-24).

Nach christlicher Überzeugung entstand durch das Jesusgeschehen eine neue Situation. Zwar hat sich Jesus mit seiner Botschaft und in seinem Heilshandeln grundsätzlich nur an seine Landsleute und Glaubensgenossen gewandt (vgl. Mt 15,24). Doch die Ablehnung seiner Sendung durch Gesamt-Israel, insbesondere aber die Ostererfahrung brachte die kleine Schar seiner ihm nach der Kreuzeskatastrophe treu gebliebenen Anhänger dazu, sich in besonderer Weise als »erwählt« zu betrachten (vgl. Joh 15,16).

Dennoch war als Konsequenz dieser Auffassung nicht schon eine Trennung von der »Wurzel Israel« beabsichtigt. Denn die Mitglieder der kleinen Jerusalemer Jesus-Gemeinde nahmen weiterhin am Gottesdienst im Tempel teil (Apg 2,46). Auch von Verfolgungen seitens gegnerischer jüdischer Kreise ist zunächst nicht die Rede (vgl. Apg 9,31). Die Anhänger des Mannes aus Nazaret galten als Mitglieder einer der zahlreichen jüdischen Sekten jener Zeit. Sie wurden »Nazoräer« genannt (Apg 24,5). Zumindest bis zur Zerstörung des Tempels im Jahre 70, also bis etwa 40 Jahre nach dem Tod Jesu, blieb die hebräisch und aramäisch sprechende Jerusalemer Jesus-Gemeinde der Religion ihrer Väter treu, auch wenn sie in der Nachfolge der Botschaft und des Lebenswegs Jesu einen jüdischen Sonderweg einschlug.

Erst Theologie und Christologie des Saulus/Paulus leiteten die Wende ein. Dieser junge Pharisäer (Phil 3,5) hatte in der neuen Sekte eine zwar noch latente, in ihren Konsequenzen für das Judentum jedoch Existenz bedrohende Gefahr erkannt und darum die »Anhänger des neuen Weges« (Apg 9,2) verfolgt. Dann aber kam seine »Damaskusstunde«, eine visionäre Begegnung mit dem auferweckten Christus (vgl. 2 Kor 12,1-6). Paulus sieht darin seine eigene »Auserwählung« (Gal 1,13-16). Nach etwa dreijähriger Vorbereitungszeit in der Einsamkeit (Gal 1,17) nimmt er seine einzigartige Missionstätigkeit auf. In Kleinasien und Griechenland predigt er mit beachtlichem Erfolg die »neue Lehre« (Apg 17,19).

Die Nazoräersekte wurde nun mehr und mehr zur ernsthaften Herausforderung für das Judentum. Dazu kam, dass Judenchristen sich nicht am (aussichtslosen) Freiheitskampf gegen Rom im Jahre 70 beteiligt hatten und deshalb von national-konservativen Kreisen des Volkes als Verräter betrachtet wurden. Die Bevorzugung der griechischen Übersetzung des Alten Testaments, der Septuaginta, durch die Judenchristen tat ein Übriges, weil nach der Tempelzerstörung die Besinnung auf die hebräische Bibel für viele zu einem nationalen Zeichen des nach der katastrophalen Niederlage gegen Rom wiedererwachenden Judentums wurde. Weiterhin führte auch die zunehmende Christologisierung (Jesus als »Herr«, als »Kyrios«) zu wachsenden

Differenzen. Und schließlich ließ der Erfolg der Missionstätigkeit unter Juden und später auch unter Griechen und Römern die zunächst innerjüdische Streitfrage, welcher religiöse Stellenwert dem Mann aus Nazaret einzuräumen sei, zu einer Grundsatzfrage werden.

Der Rivalitätskampf wurde mit harten Bandagen geführt. Die Schärfe des Tons ist wohl nur zu verstehen aus dem Legitimationszwang, unter dem die junge Gemeinde stand, die jetzt als »Christen« bezeichnet wurde (Apg 11,26). Sie musste ihr Abweichlertum rechtfertigen. Und sie musste obendrein noch der ihr mit wachsendem Interesse begegnenden Heidenwelt deutlich machen, worin die Unterschiede zum Judentum nun eigentlich bestehen und warum sie sich mehr und mehr davon abgelöst hatte (vgl. Mt 27,25; Joh 8,43 f.).

Trotz harscher Distanzierungsversuche wird aber nirgendwo in den Schriften des Neuen Testaments gesagt, dass an die Stelle des auserwählten Volkes der Juden nun das auserwählte Volk der Christen getreten sei. Paulus hält daran fest, dass der von Gott gepflanzte »Ölbaum Israel« die Lebensgrundlage und die Legitimationsbasis auch für die christlichen Gemeinden bleibt. Christen sind »eingepfropfte Zweige«; sie haben keine Veranlassung, sich über andere Zweige und schon gar nicht über die »Wurzel« zu erheben. Denn »nicht du trägst die Wurzel, sondern die Wurzel trägt dich« (Röm 11,18).

Die (christliche) Kirche ist also im strengen Sinn nicht eine Gründung Jesu, sondern das Werk Gottes selbst (vgl. 1 Kor 10,32; 12,28; 1 Tim 3,15). Ihre Anfänge reichen zurück bis in die Anfänge der Geschichte des Volkes Israel. Kirche ist in einem langen Prozess geworden und gewachsen. Das jüdische Volk ist der »ältere Bruder« des Christentums (Johannes Paul II.). Der »Alte« Bund ist nicht aufgehoben; der »Neue« Bund ist nur eine andere Art der Verwirklichung des *einen* Bundes Gottes mit den Menschen.

## Die biblischen Grundlagen

Die ersten Christen verstanden sich als »Gemeinde des Herrn« (griech: kyriakä ekklesía). Gemeinschaft-Sein ist ein unverzichtbares Merkmal christlicher Lebens- und Daseinsform. *Ein* Christ ist *kein* Christ.

Die jungen Gemeinden sahen, ähnlich wie es Jesu getan hatte, ihre Aufgabe darin, die Grenzen zwischen Arm und Reich, zwischen Herr und Knecht, zwischen Freien und Sklaven zu überwinden. Auch im Hinblick auf die Stellung der Frau zeigte die Urgemeinde emanzipatorische Impulse. So wie Jesus Frauen in seinem Gefolge hatte (Lk 8,2 f.; Mk 15,40 f.), waren am Aufbau der Gemeinden Frauen in vielfältiger Weise beteiligt.

Zunächst unterschieden sich die kleinen Gemeinden in Judäa kaum von der ohnehin in verschiedene Glaubensrichtungen aufgespaltenen jüdischen Gesamtgemeinde. Die aramäisch sprechenden jüdischen (und damit beschnittenen) Mitglieder der Jerusalemer Christengemeinde nahmen zusammen mit der überwiegenden Mehrzahl der Juden, die sich Jesus nicht angeschlossen hatten, regelmäßig am Tempelgottesdienst teil und trafen sich als eigene Gruppe nur zum »Brotbrechen« in ihren Häusern (vgl. Apg 2,46). Doch daraus erwuchsen schon bald interne Spannungen. Denn die aus dem Heidentum kommenden (nicht dem Judentum angehörigen), meist griechisch sprechenden Gemeindeglieder durften am Tempelgottesdienst nicht teilnehmen und kamen also (wenn überhaupt, vgl. Apg 6,1) nur zum »Brotbrechen« mit den aus dem Judentum kommenden Gemeindegliedern zusammen. Wie nicht anders zu erwarten, spitzten sich die Probleme weiter zu bei der unvermeidlichen Frage, ob jene, die aus dem Heidentum kommen und in die Nachfolge Jesu eintreten möchten, zusätzlich zum Empfang der Taufe auch noch nach jüdischem Ritus beschnitten und damit prinzipiell (auch) in die jüdische Gemeinde aufgenommen werden sollen. Das Problem wurde schließlich dahingehend gelöst, dass »den Heiden, die sich zu Gott bekehren, keine weiteren Lasten aufzubürden« seien (Apg 15,19.29; 21,25).

Bei den Leitungsstrukturen in den Gemeinden behielt man – zunächst wenigstens und in vorwiegend judenchristlichen Gemeinden – die Institution der »Ältesten« bei (Ältester griech.= présbyter, hiervon das deutsche Lehnwort »Priester«). Ob auch Paulus die Institution der »Ältesten« bei seinen Gemeindegründungen übernommen hat, ist fraglich. Er hat sich situationsbedingt offenbar eher am profanen griechischen Vorbild der Gemeindeleitung durch »Aufseher« (Episkopen[83]) orientiert (vgl. Phil 1,1) oder eine spezifische Benennung überhaupt vermieden, indem er von jenen sprach, »die unter euch arbeiten, die euch leiten und ermahnen« (1 Thess 5,12).

Eine gute Orientierung für das Amtsverständnis der frühen Kirche bietet der Epheserbrief (Eph 4,7-16[84]). Zunächst macht er die Überzeugung deutlich, dass es der in seinen Gemeinden gegenwärtige auferweckte und erhöhte Christus ist, der seiner Kirche »Hirten und Lehrer« schenkt – so wie er ihr zur Zeit des österlichen Aufbruchs die Apostel, Propheten und Evangelisten gegeben hat (Vers 11). Mit »Hirten und Lehrer« sind idealtypisch wohl die beiden grundlegenden Funktionen bezeichnet, die zum Aufbau und Wachstum einer Ortskirche erforderlich sind: die der Gemeindeleitung und der Verkündigung. Die Leitung durch die »Hirten« ist auf die zu bewahrende »Einheit im Glauben« (V. 13) ausgerichtet, und die geschieht unter Berufung auf das Wort Gottes. Der einende Grund beider Funktionen ist das Evangelium. Das heißt: Nach dem Epheserbrief sind die grundlegenden Ämter der Kirche von ihrem Wesen her Ämter der Verkündigung (einschließlich der Vergegenwärtigung des Evangeliums in den Sakramenten, die ja aus dem deutenden Wort Jesu leben). Kultisch-priesterliche Bezeichnungen (gr.= hiereús, davon abgeleitet: Hierarchie, wörtlich: heilige Herrschaft, Herrschaft sakralen

Amtspriestertums) verwendet der Text (wie auch das gesamte Neue Testament) nicht.

Vornehmste Aufgabe des Amtes ist es, allen Gemeindegliedern zur Mündigkeit im Glauben zu verhelfen (V. 14) und sie zu rüsten für das »Werk des Dienstes« (V. 12), wie es »einem jeden von ihnen« (V. 7) gegeben ist. Der Epheserbrief sagt nichts darüber, wie die Struktur der Gemeindeleitung aussehen soll und welche Kriterien für die Übertragung eines Amtes entscheidend sind. Es ist auch nicht erkennbar, ob für den Dienst der Gemeindeleitung ein eigener Einsetzungs- oder Amtseinführungsritus vorgesehen war. In der Apostelgeschichte ist von Fasten, Gebet und Handauflegung die Rede (Apg 13,3); aber die Handauflegung kann auch als Geistmitteilung, als Segensgestus oder als Erwählungszeichen verstanden und gedeutet werden.[85] Ein ausdrücklicher (sakramentaler) »Weihe«-Ritus ist darin nicht zu sehen.[86] Erst für die Zeit um 120-150 n.Chr. scheint sich ein eigener Einsetzungsritus für kirchliche Leitungsämter herausgeschält zu haben, als dessen wirksames Zeichen die Handauflegung zu betrachten ist (vgl. 1 Tim 4,14; 5,22; 2 Tim 1,6).[87]

Auch von einer rituell weitergegebenen »apostolischen Sukzession«, einer »Nachfolge der Apostel«, wie sie nach geltendem römisch-katholischen Amtsverständnis geschieht, ist nicht die Rede. Der Epheserbrief scheint sogar dagegen zu sprechen, weil er die kirchlichen Ämter seiner Zeit, die »Hirten und Lehrer«, mit den »Aposteln und Propheten« des Anfangs in einer Reihe zusammenordnet (Eph 4,11). Von einer zwischen diesen Gruppen waltenden Nachfolge lässt er nichts verlauten. »Apostolische Sukzession« bedeutet nach ihm die Treue zur apostolischen Überlieferung, zum Evangelium.

Schließlich ist auch von einem »obersten Leitungsamt« in dieser Zeit noch keine Rede. Denn nach neueren Forschungen geben jene Texte des Neuen Testaments, die man bisher in der römisch-katholischen Theologie als Begründung für die spezielle Vorrangstellung des Bischofs von Rom (des »Papstes«) heranzog, dafür nichts her. In der ältesten Jesusüberlieferung (der Quelle Q = »Logienschrift«) kommt Petrus überhaupt nicht vor. Im Markusevangelium wird zwar Petrus als Sprecher der Zwölf erwähnt (Mk 1,36; 10,28; 11,21); aber diese Texte sind spätere redaktionelle Zusätze des Evangelisten. An anderen Stellen erscheint Petrus zusammen mit Jakobus und Johannes bei besonders wichtigen Offenbarungsszenen (Mk 5,37; 14,33). Die Stelle, die gern als Begründung für die Einsetzung eines obersten Lehr- und Leitungsamtes herangezogen wird (»du bist Petrus, der Fels, und auf diesen Felsen will ich meine Kirche bauen«; Mt 16,16-19) stellt in ihrem vorliegenden Wortlaut »höchstwahrscheinlich eine wohlbegründete katechetische Anwendung überlieferter Jesusworte« dar – mehr nicht.[88] Doch selbst dabei ist die Rolle des Petrus (»Fundament der Kirche«) kaum als übertragbar gedacht. Von einer Petrus-Nachfolge weiß der Evangelist nichts.[89] Wir haben es bei dieser Szene mit einem »typologischen« oder »symbolischen« Petrus zu tun, mit einem bestimmten Petrus-Bild, das in die Evangelien hineinprojiziert wurde.[90] Petrus war auch nicht der erste Bischof von Rom, denn Rom kennt am Anfang des zweiten Jahrhunderts noch keinen monarchischen Bischof, sondern – nach jüdischem Vorbild – eine »Ältesten-Verfassung«. »Hätte man einen Christen um 100, 200 oder auch 300 gefragt, ob es einen obersten Bichof gibt, der über den anderen Bischöfen steht und in Fragen, die die ganze Kirche berühren, das letzte Wort hat, dann hätte er sicher mit Nein geantwortet« (G. Denzler[91]).

Historisch denkbar erscheint, dass Petrus den Symbolnamen »Kepha« (aramäisch Fels = lat. petra, masc. petrus) von Jesus selber bekommen hat (Joh 1,42). Zweifellos hat er in der Urkirche (zusammen mit Johannes und dem Herrenbruder Jakobus) eine wichtige Rolle gespielt (Gal 1,18; 2,9.11-14). Diese Funktion könnte bei der soziologisch-historisch bedingten Herausbildung und allmählichen Monopolisierung des monarchischen Episkopats in der Kirche maßgebend gewesen sein. Die politische Bedeutung der Stadt Rom mag obendrein dazu beigetragen haben, obwohl ein ausdrücklicher Primatsanspruch des Bischofs von Rom in den ersten drei Jahrhunderten nicht festzustellen ist.[92] Parallel zum Schwinden der politischen Macht der römischen Caesaren ab dem 4. Jahrhundert wuchsen schließlich Macht und Einfluss des römischen Bischofs. Das Papsttum erscheint als »Erbe römisch-imperialistischer Macht«[93].

### Römisch-katholische Kirche

Im 16. Jahrhundert begann mit der »abendländischen Kirchenspaltung« die Entwicklung unterschiedlicher Kirchenstrukturen (wie vorher bereits in den Kirchen des Ostens). In der römisch-katholischen Kirche blieb zunächst alles beim überkommenen Alten. Erst als um die Mitte des 19. Jahrhunderts die politische Macht des Papsttums eingeschränkt wurde und der Verlust des Kirchenstaates drohte, war es Papst Pius IX. (1846-1878), der auf eine ausdrückliche und feierliche Verkündigung der vom römischen Bischof beanspruchten universalen Führungsrolle (»Universalprimat«) und einer päpstlichen »Unfehlbarkeit« drängte – in der Hoffnung, damit die Gegner abzuhalten und das Papsttum gleichsam unangreifbar zu machen. Der Bischof von Rom, das Haupt des Bischofskollegiums, ist danach »kraft seines Amtes unfehlbar, wenn er als oberster Hirt und Lehrer aller Christgläubigen, der seine Brüder im Glauben stärkt (vgl. Lk 22,32), eine Glaubens- oder Sittenlehre in einem endgültigen Akt verkündet.«[94]

Das Dogma wurde und wird von Freunden und Gegnern der Kirche häufig als eine Art Ermächtigungsgesetz zu unbeschränkter Herrschaftsausübung empfunden. In jüngster Zeit hat aus aktuellem Anlass vor allem Hans Küng seine Bedenken öffentlich dargelegt und ausführlich begründet.[95]

Das Zweite Vatikanische Konzil (1962-1965) übernahm zwar die Unfehlbarkeitslehre des Ersten Vatikanums[96], versuchte aber durch die Hervorhebung der Kollegialität aller Bischöfe die dort festgelegten harten Formulierungen wenigstens etwas zu mildern und zu entschärfen. Der Bischof von Rom wird bezeichnet als das »immer währende, sichtbare Prinzip und Fundament für die Einheit der Vielfalt von Bischöfen und Gläubigen. Die Einzelbischöfe hinwiederum sind sichtbares Prinzip und Fundament der Einheit in ihren Teilkirchen.«[97] Allerdings wird sogleich einschränkend bemerkt, dass »die einzelnen Bischöfe nicht den Vorzug der Unfehlbarkeit (besitzen). Wenn sie aber, in der Welt räumlich getrennt, jedoch in Wahrung des Gemeinschaftsbandes untereinander und mit dem Nachfolger Petri, authentisch in Glaubens- und Sittensachen lehren und eine bestimmte Lehre übereinstimmend als endgültig verpflichtend vortragen, so verkündigen sie auf unfehlbare Weise die Lehre Gottes.«[98]

Das Konzil hat es allerdings versäumt, klar zu bestimmen, wer darüber zu entscheiden hat und auf welche Weise festzustellen ist, wann und ob überhaupt »eine bestimmte Lehre« von der Gesamtheit der Bischöfe »übereinstimmend als endgültig verpflichtend vorgetragen« wird. Welche Bedingungen müssen erfüllt sein – von der Heiligen Schrift selbst, von der Tradition, vom Glaubenssinn der Gesamtheit der Gläubigen, von der Form der Verkündigung, vom Umfang der Übereinstimmung (absolute, relative Mehrheit)? Hier ist dringender Klärungsbedarf gegeben.

### Evangelische Kirche

Grundlegend für das evangelische Kirchenverständnis ist zunächst die Auffassung Martin Luthers (1483-1546): Kirche ist primär und eigentlich keine Institution, sondern das im Heiligen Geist versammelte Volk Gottes, das sein Dasein und seine Heiligkeit aus dem Wort Gottes empfängt. Die Kirche ist darum, ihrem geistlichen Wesen entsprechend, verborgen und unsichtbar.[99] Doch schon bei Luthers Freund und Weggefährten Philipp Melanchthon (1497-1560) zeichnet sich – auch im Zusammenhang mit der zunehmenden Etablierung eines eigenen Kirchentums – eine Akzentverschiebung ab: Das Amt der Wortverkündigung und der Sakramentenverwaltung und damit die Institutionalität der Kirche tritt (wieder) in den Vordergrund. Kirche gilt als sichtbare Gemeinschaft der Berufenen. In dem von Melanchthon verfassten und dem Reichstag zu Augsburg 1530 vorgelegten Bekenntnis (»Confessio Augustana«) heißt es: »Es wird gelehrt, dass allezeit eine heilige christliche Kirche sein und bleiben wird. Sie ist die Versammlung aller Gläubigen, bei denen das Evangelium rein gepredigt und die heiligen Sakramente dem Evangelium gemäß dargereicht werden« (Art. III, Von der Kirche).

Beide Aspekte – unsichtbar/sichtbar; keine Institution/Institutionalität – finden in den folgenden vier Jahrhunderten unterschiedlich starke Berücksichtigung und prägen entsprechend das Kirchenverständnis und -bild (Calvin, Neuprotestantismus im 18. und 19. Jahrhundert, Kulturprotestantismus).

Im 20. Jahrhundert betonen Theologen wie Karl Barth und Paul Althaus die Eigenständigkeit der Kirche als Heilsgemeinschaft im Sinne der reformatorischen Theologie. So wird in der Barmer Theologischen Erklärung (1934) die Kirche als »Gemeinschaft von Brüdern« (*Brüdern!*) definiert. Gleichzeitig findet der Gedanke Dietrich Bonhoeffers (1906-1945) von einer »Kirche für andere« als Besinnung auf das politische Mandat der Kirche Beachtung. Die Theologen Paul Tillich (Kirche als »Geistgemeinschaft« innerhalb und außerhalb der Institution) und Trutz Rendtorff (Kirche als »Institution der Freiheit«) bringen weitere Perspektiven in das protestantische Kirchenverständnis ein. Ein Papstamt im Sinne der Vorgaben des Ersten Vatikanischen Konzils lehnen die Kirchen der Reformation und der Orthodoxie freilich kategorisch ab.

Die bereits am Ende des 19. Jahrhunderts im Gefolge der Aufklärung, des Rationalismus und des Liberalismus aufgekommene ökumenische Bewegung begann in der zweiten Hälfte des 20. Jahrhunderts erste Früchte zu tragen – nicht zuletzt unter dem Eindruck der gemeinsamen leidvollen Erfahrungen von Christen in der Zeit des Nationalsozialismus.

Auf *evangelischer Seite* wurde am 23.8.1948 in Amsterdam der Ökumenische Rat der Kirchen (ÖRK) konstituiert. Dieser Zusammenschluss von (zunächst 147; 1996: 332) evangelischen und orthodoxen Kirchen aus über 100 Ländern versteht sich als »eine Gemeinschaft von Kirchen, die den Herrn Jesus Christus gemäß der Heiligen Schrift als Gott und Heiland bekennen und darum gemeinsam zu erfüllen trachten, wozu sie berufen sind« (Artikel I der Verfassung). Der ÖRK hat folgende Ziele und Funktionen:

- »die Kirchen aufzurufen zu dem Ziel der sichtbaren Einheit im einen Glauben und in der einen eucharistischen Gemeinschaft, die ihren Ausdruck im Gottesdienst und im gemeinsamen Leben in Christus findet, und auf diese Einheit zuzugehen, damit die Welt glaube!«;
- das gemeinsame Zeugnis der Kirchen zu erleichtern und sie in ihrer weltweiten missionarischen Aufgabe zu unterstützen;
- die Zusammenarbeit der Kirchen im Dienst an Menschen in Not und im Eintreten für Frieden und Gerechtigkeit zu fördern;
- Prozesse der Erneuerung der Kirchen anzuregen.

Die *römisch-katholische* Kirche ist bis heute nicht Mitglied des ÖRK. Sie besitzt lediglich einen Beobachter-Status, hat aber im Gefolge des Zweiten Vatikanischen Konzils ihre Mitarbeit erheblich intensiviert.

Dieses Konzil und die von ihm angestoßene theologische und ekklesiologische Diskussion innerhalb der römischen Kirche verstehen (die Wiederherstellung der) Einheit der Kirche nicht als

»bedingungslose Rückkehr in den Schoß der römischen Kirche«, sondern als ein dynamisches Voranschreiten aller Christen zu einer Einheit in legitimer Vielfalt. Da das Einheitsverständnis eng mit dem Kirchenverständnis zusammenhängt, ist freilich (auf beiden Seiten) noch Klärungsbedarf gegeben. Zur Diskussion stehen unterschiedliche »Modelle« von Einheit: »Organische Union«, »Konziliare Gemeinschaft«, »Einheit in versöhnter Verschiedenheit«, »Kirchengemeinschaft durch Lehrkonkordie«. Leitgedanke ist eine Einheit der Kirche als Verwirklichung einer Gemeinschaft von Kirchen, »die Kirchen bleiben und eine Kirche werden« (J. Ratzinger).

Das Konzil hat auch im Hinblick auf die zukünftige Leitungs-Struktur neue Wege eröffnet bzw. die alten, in der Apostelgeschichte erkennbaren wieder entdeckt (vgl. Apg 8,14; 15). Es bejaht nicht nur die Möglichkeit einer von einem Einzelnen (= Papst), sondern auch von einem Kollegium (= Bischofssynode u.Ä.) ausgeübten obersten Autorität in der Kirche.[100] Wenn durch die vergangenen Jahrhunderte hindurch eher die monarchiale, allein auf den Bischof von Rom beschränkte Ausübung vorgeherrscht hat, so wäre es heute angesichts einer immer mehr demokratisch verfassten Gesellschaft angebracht, eher eine kollegiale Wahrnehmung des obersten Leitungsdienstes durch die Gemeinschaft der Bischöfe anzustreben. Das hätte zur Folge, dass die Kompetenzen der Leitungs-Organe in der Kirche neu bestimmt werden müssten. Einen Ausgangspunkt könnte die Aufwertung der regionalen Bischofskonferenzen und der (römischen) Bischofssynode bilden. Vor allem die Bischofssynode müsste als »einziges apostolisches Kollegium« regelmäßig zusammentreten, und es müsste ihr wirkliche Entscheidungsvollmacht zugestanden werden. Das oberste und universale Kirchenleitungsamt könnte so durchaus kollegial ausgeübt werden. Vornehmste und dringlichste Aufgabe des Papstes (als – auf Zeit? – gewählter Sprecher und Repräsentant der Bischofssynode) wäre der Dienst an der Einheit der christlichen Kirchen und die Sorge um die Communio der Kirchen untereinander. Dieser Dienst würde auch bei den Kirchen der Reformation Anerkennung (und Zustimmung?!) finden.[101] Die römische Kurie müsste freilich im Sinne einer kollegialen Autoritätsausübung von Grund auf umgestaltet bzw. gänzlich aufgelöst werden. Für eine stärkere Beteiligung aller Gläubigen in den Teilkirchen und bei der Verwirklichung der Communio müssten experimentell in verschiedenen Richtungen Wege gesucht werden.

# Heilige Kirche

## »Heilig«

Alle Religionen kennen den Begriff »heilig«. Sie bezeichnen damit alles, was in irgendeiner Weise für die Gottheit ausgesondert und damit für Menschen unverfügbar ist oder geworden ist. Das Heilige ist menschlichem Zugriff und Handeln entzogen. Das Heilige ist »anders«, »ganz anders«.

Der Mensch sieht im Heiligen eine undefinierbare, rätselhafte Realität, eine geistige Kraft und Macht, deren Wirken er oft unerwartet und überraschend, geheimnisvoll und überwältigend erfährt. Das Heilige erscheint ihm einerseits als Furcht erregend und abstoßend, als »mysterium tremendum«, andererseits aber auch als faszinierend und anziehend, als »mysterium fascinans« (R. Otto).

Weil der Mensch auf das Heilige nicht direkt einwirken kann, bleibt ihm nur der indirekte Weg. Er muss sich mühen, ein »heiliges« Leben zu führen, von dem er meint, dass es der Gottheit wohlgefällig sei. Er kann dem Heiligen durch Opfergaben und Gebete seine Hochachtung und Unterwerfung kundtun in der

Hoffnung, es so gnädig zu stimmen und zu einem günstigen Einwirken zu veranlassen. Er kann der Gottheit einen Raum reservieren, einen »heiligen« Bezirk (im Lateinischen »fanum« genannt), der vom »gewöhnlichen«, für jedermann betretbaren Raum (dem »pro-fanum«, d.h. *vor* dem heiligen Bezirk liegend) abgegrenzt ist. Dieser Raum ist »tabu«. Es ist der Bereich der Tempel und Altäre, der Opferstätten und Kultgegenstände, sowie der Wohn- und Tätigkeitsbereich der für den Kult ausgewählten »heiligen« Personen, der Priester und Priesterinnen.

In den Schriften des AltenTestaments erscheint Gott als der dreimal (= allumfassend) Heilige, als *der* Heilige schlechthin (Jes 6,3). Vor seiner urgewaltigen Heiligkeit kann der Mensch nur erschrecken und anbetend niederfallen (Jes 6,5; Ez 1,4-28). »Heiligkeit« gehört zum Wesen Gottes, das ihn grundlegend von den Menschen unterscheidet. Jahwe ist »der Heilige Israels« (Jes 1,4; 5,19; 30,11; 31,1).

In der Zeit der Patriarchen und der Richter gab es für Jahwe noch keinen eigenen, festen »heiligen« Raum. Die tragbare Bundeslade und das Offenbarungszelt waren eine Art mobiles Heiligtum für jenen Gott, der sich mit seinem Volk auf Wanderschaft befand. Erst König Salomo begann mit dem Bau eines immobilen Tempels, bestehend aus Vorhalle, Heiligem und Allerheiligstem (1 Kön 6; Ez 40-42). Den Dienst im Heiligtum versah eine streng hierarchisch gegliederte Priesterschaft. Ihr Vorsteher war der Hohepriester. Ihm unterstanden die 24 Priesterklassen, die Leviten und die Tempelsklaven. Über ihre Zahl liegen keine verlässlichen Angaben vor (lt. 1 Chron 12,26 f. gab es schon zu Davids Zeiten 3700 Priester und 4600 Leviten).

Im Neuen Testament erscheint Jesus als der »Heilige Gottes« (Mk 1,24; Joh 6,69), der die Heiligkeit der Menschen bewirkt (Joh 17,19). Wie das Bundesvolk Israel (Lev 11,44; Jes 62,12) sieht sich auch die Gemeinde der Christen als »heiliges Volk« (1 Petr 2,9), das dazu berufen ist, heilig zu sein, weil Gott selbst heilig ist (1 Petr 1,15f).

Seit dem 3. Jahrhundert ist das Adjektiv »heilig« (griech.: hágios, abgeleitet von házomai = scheue Ehrfurcht haben) in den wichtigsten Glaubensbekenntnissen als Attribut für die Kirche bezeugt.

### Probleme mit der Heiligkeit der Kirche

Wer sich auch nur oberflächlich in der Geschichte der Kirche auskennt, weiß, dass im Verlauf der Jahrhunderte durch die »heilige« Kirche vieles geschehen ist, was als höchst unheilig und keineswegs als sittlich hoch stehend und vorbildlich zu bezeichnen ist. Nicht wenige beschleicht daher ein ungutes Gefühl, wenn sie von der »heiligen« Kirche sprechen hören oder beim Glaubensbekenntnis dieses Attribut für die Kirche selbst in den Mund nehmen (sollen). Zu viel Qual und Folter, Gewalt und Tod sind unter dem Zeichen und auf Geheiß der »heiligen« Kirche geschehen. Hunderttausende sind gestorben, niedergemetzelt von aufgeputschten Christen in den Kreuzzügen, hingerichtet von unbarmherzigen Glaubenswächtern durch die mittelalterliche Inquisition, getötet in unsinnigen (dreißigjähigen) Glaubenskriegen, »schwertmissioniert« von skrupellosen politischen Eroberern, verbrannt durch irregeleitete Fanatiker in den Hexenverfolgungen. Millionen von Menschen mussten Tränen der Trauer vergießen über ermordete Angehörige, Tränen der Wut über ungerechtfertigte Anschuldigungen und Verdächtigungen. Teufelsspuk, Höllenangst und Dämonenfurcht, Nötigung zur Lüge und Zwang zur Heuchelei, ekklesiogene Neurosen und seelische Verkrüppelungen – das alles geht auf das Konto dieser »heiligen« Kirche. Erst im Zweiten Vatikanischen Konzil fand sich die römische Kirche endlich bereit anzuerkennen, dass sie auch »Sünder in ihrem eigenen Schoß« habe und dass sie darum ständig der »Reinigung«, der »Buße und Erneuerung« bedürftig sei.[102]

Freilich darf die andere, positive Seite der »heiligen Kirche« nicht vergessen werden, die es ebenfalls in allen Jahrhunderten gegeben hat. Erinnert sei an die unzähligen Frauen und Männer, die, motiviert von der Botschaft und vom Beispiel Jesu, sich der Kranken und Hilfsbedürftigen, der Elenden und Sterbenden, der Armen und Hungernden, der Notleidenden und Verfolgten angenommen haben. Sie haben auf Prestige und Karriere verzichtet, haben freiwillig Entbehrungen und Verfolgungen auf sich genommen, um anderen in umfassendem Sinne Heil zu bringen. Viele haben ihren Einsatz mit dem Leben bezahlt. Sie gaben und geben ein glaubwürdiges Zeugnis von der heiligen Kirche.

Doch auch in der ursprünglichen Bedeutung – »heilig« als Bezeichnung für das »ganz andere«, aus dem profanen Treiben Herausgehobene – bringt eine Qualifizierung der Kirche als »heilig« Probleme mit sich, die mehr grundsätzlicher Natur sind. Das Heilige entzieht sich menschlicher Verfügung. Es ist ein vom Profanen abgegrenzter Bezirk. Das Volk bleibt außen vor. Im Heiligen und im Allerheiligsten haben nur besonders erwählte »heilige« Personen das Sagen (vgl. die Anrede des Papstes als »Heiliger Vater«). Eine so verstandene »Heiligkeit« macht die Kirche von außen nahezu unangreifbar und in ihrer inneren Struktur, ihren Handlungen und Anordnungen »tabu«. Die Kirche und die »heiligen Personen« in ihr können sich wegen dieser ihrer »Heiligkeit« immer darauf berufen, dass sie »anders«, unantastbar und unberührbar seien. Dass sie ihre eigenen Gesetze haben und nicht mit profanen Maßstäben gemessen werden dürfen. Wer an ihnen Kritik übe, kritisiere indirekt damit ihren eigentlichen und letzten Ursprung, den heiligen Gott.

Angesichts dieser Probleme stellt sich die Frage, ob es sinnvoll ist, die Rede von der »heiligen« Kirche im Glaubensbekenntnis beizubehalten.

### »katholisch«

Das Wort »katholisch« ist abgeleitet aus dem griechischen »kat' hólän (tän gän)« (= über den ganzen bekannten Erdkreis [ausgebreitet]). In der Übersetzung des Glaubensbekenntnisses, wie sie in den Kirchen der Reformation Verwendung findet, wird »katholisch« mit »allgemein« wiedergegeben. »Katholisch« meint allumfassende Offenheit, Grenzenlosigkeit und weltumspannende Universalität.

Spätestens seit der Reformation bezeichnet »katholisch« jedoch nur noch die zahlenmäßig größte und weltweit verbreitete Unterabteilung dieser allumfassenden, »allgemeinen« christlichen Kirche, die der Leitungsgewalt des römischen Bischofs unterstellt ist. Diese »römisch«-katholische Kirche grenzt sich deutlich gegen alle anderen Unterabteilungen der »einen« christlichen Kirche ab. »Katholisch« in diesem Sinne darf sich nur nennen, wer in Einheit mit dem Bischof von Rom steht.

### Eine allgemeine christliche Kirche

Das Zweite Vatikanische Konzil sah in der Überwindung dieser Engführung und in der Wiederherstellung der ursprünglichen Katholizität eine seiner Hauptaufgaben. Es hatte sich darum zum Ziel gesetzt, der Einheit aller Christen den Weg zu bereiten, weil die Spaltung »ganz offenbar dem Willen Christi widerspricht«, weil sie »ein Ärgernis für die Welt und ein Schaden für die heilige Sache der Verkündigung des Evangeliums vor allen Geschöpfen« darstellt.[103] Dabei sollten die Kirchen nichts (für sie) Wesentliches von ihrer in Jahrhunderten gewachsenen Tradition und von ihrem je eigenen Profil zugunsten einer so zu sagen auf einer »mittleren Linie« liegenden »Einheitskonfession« hergeben. Voraussetzung und »Seele der ganzen ökumenischen

Bewegung« ist eine »Bekehrung des Herzens und die Heiligkeit des Lebens.«[104]

Ohne ein ausgewogenes Miteinander und Ineinander von Einheit und Verschiedenheit kann es keine »wieder vereinigte« Kirche geben. Wer die Einheit fördern will, muss auch die Verschiedenheit bejahen. Beim Vergleich der Lehren, wie sie in den unterschiedlichen Konfessionen der einen Kirche vorgetragen werden, »soll man nicht vergessen, dass es eine Rangordnung oder ›Hierarchie‹ der Wahrheiten innerhalb der katholischen (= allgemeinen christlichen, N.S.) Lehre gibt.«[105] Gerade diese Betonung der »Hierarchie der Wahrheiten« fordert auf zu bedenken, dass nicht allen Glaubenswahrheiten der gleiche Stellenwert und der gleiche Rang im Ganzen des Glaubens zukommt. Der Blick ist in erster Linie auf das Fundament und Zentrum zu richten. Eine gewissenhafte Beachtung dieses Grundsatzes könnte eine Umorientierung im Leben und Denken vieler gläubiger Christinnen und Christen bewirken und so das Erscheinungsbild ihrer eigenen Kirche gegenüber den anderen Kirchen wesentlich verändern.

Es ist immer wieder darauf hinzuweisen, dass »kirchliche Gemeinschaft nicht auf dem bloßen Zusammengehörigkeitsbewusstsein und dem Einheitswillen getrennter Gruppen beruht, sondern auf der gemeinsamen Teilhabe an dem einen Herrn.« Und es ist dann zu fragen, »ob und wieweit diese Teilhabe auch in der gegenwärtigen Situation der Konfessionskirchen nicht schon in der Tauf- und Glaubensgemeinschaft gegeben ist.«[106]

# Gemeinschaft der Heiligen

Der Begriff »Gemeinschaft der Heiligen« hat eine doppelte Bedeutung, die mit der Eigenart der lateinischen bzw. griechischen Sprache zusammenhängt. Im Lateinischen wird der Genetiv des Plurals »sancta« (Heilig*es* = neutrum) genau so gebildet wie der Genetiv des Plurals »sancti« (Heilig*e* = masculinum). Überträgt man den ersten Begriff ins Deutsche, so besagt er »Gemeinschaft an/in heiligen *Dingen*«, der zweite bedeutet dann »Gemeinschaft heiliger *Personen*«.

Während die östlichen (»orthodoxen«) Kirchen die »Gemeinschaft an heiligen Sachen« (an Heilsgütern, insbesondere an der eucharistischen Mahlgemeinschaft) in den Vordergrund stellen, betont die westliche (römische) Kirche eher den personalen Aspekt »Gemeinschaft heiliger Personen«. Mit den »Heiligen« werden vornehmlich jene schon verstorbenen Christinnen und Christen gemeint, die als bereits vollendete Glieder des einen Leibes Christi (als »Selige« oder »Heilige« in der römischen Kirche) verehrt werden. Zu ihnen gehören auch diejenigen, die sich noch am »Reinigungsort« (lat.: purgatorium, traditionell: »Fegefeuer«) befinden.

Unter »Gemeinschaft der Heiligen« ist daher dreierlei zu verstehen:

1. Gemeinschaft aller in den Heilsgütern,
2. die Einheit der Gläubigen in Glaube, Hoffnung und Liebe,
3. die Einheit der pilgernden (»streitenden«) und der vollendeten (»triumphierenden«) und auch (nach traditioneller römisch-katholischer Auffassung) der »leidenden« Kirche, deren Glieder nach dem Tod noch dem Läuterungsgericht unterstellt sind und auf dem Weg zur vollkommenen Liebe durch das Gebet der Heiligen im Himmel und der Gläubigen auf Erden unterstützt werden können.

# Gemeinschaft aller in den Heilsgütern

## Die Sehnsucht nach Heil

Die Geschichte der Menschen ist zu allen Zeiten geprägt und bestimmt vom Streben nach möglichst umfassendem Heil – im privaten Leben, im Leben der einzelnen Völker und im Zusammenleben der Gemeinschaft aller Völker. Insbesondere die Religionen sind in ihren vielfältigen Ausdrucksformen von dieser Sehnsucht geprägt. In symbolischen Akten und liturgischen Handlungen sprechen sie den Menschen göttliches Heil zu und vermitteln ihnen Heilsgüter.

Für das Christentum erscheint Jesus als *die* Heilsgabe, als *das* Heilsgut Gottes. Schon der Name »Jesus« (von hebr. Jeshua = Gott ist Hilfe, Heil) ist wie ein Programm. Jesus erfüllt mit seinem Handeln den Traum und die Hoffnungen vieler Menschen nach Heil-Sein. Er zeigt denen, die sich in ihrem Leben verrannt haben, die in einer Sackgasse gelandet sind, die nicht mehr aus noch ein wissen, dass es für einen Neu-Anfang nie zu spät ist. Er macht ihnen Mut zur Umkehr. Er lehrt sie, vorwärts zu schauen – in die Zukunft. Er lebt die Versöhnung, die er predigt. Wiederholt erzählen die Evangelien davon, dass er mit Menschen Mahl gehalten hat oder dass er von anderen dazu eingeladen wurde. Seinen jüdischen Tischgenossen mag dabei der Gleichnis- und Symbolcharakter solchen Tuns durchaus bewusst gewesen sein. Und Jesus hat ihn wohl auch gelegentlich eigens zum Ausdruck gebracht (vgl. Lk 14,15). Im Angesicht des Todes versammelte er seine engsten Vertrauten zu einem letzten Abschiedsmahl. Die Evangelien berichten davon, dass er im Geschick des Brotes und Weines, im Zerrissen- und Verschüttet-, im Gekaut- und Getrunken-Werden, sein eigenes Schicksal symbolisch abgebildet sah: »Das ist mein Leib – das ist mein Blut« (1 Kor 11,23-26; Mk 14,22-25 parr.). Sein Tod sollte zum Zeichen des Heils, zum »Brot des Lebens ... für alle« werden.

Auch von den skeptischsten Kritikern wird heute nicht bestritten, dass im Zusammenhang mit dem Auftreten Jesu Kranke und Besessene geheilt wurden. Jesus sah darin aber nicht eine Demonstration seiner Macht, sondern eine Illustration seiner Botschaft von der heilbringenden Zuwendung Gottes zu den Menschen.

Jesus berief Menschen in seine Nachfolge. Sie werden in den Evangelien als Jünger bezeichnet. Ihre Aufgabe war es, die mit Jesus angebrochene Heilszeit in Wort und Tat zu verkünden. Dazu wurden sie von Jesus als Vorboten »in alle Städte und Ortschaften« gesandt, »in die er selbst gehen wollte.« Sie sollten gleichsam zum verlängerten Arm seines heilwirkendeen Handelns werden und so den Anbruch der Gottesherrschaft verkünden (Lk 10,1-11). Mit der Erwählung der Zwölf (Apostel) legte Jesus schließlich den Grundstein für ein Amt, das sich vor allem als Dienst zum Wohl und zum Heil der Menschen zu verstehen hat.

### Sakramente als Heilsgüter

Die nachösterliche Gemeinde wusste sich dem heilschaffenden Wirken Jesu verpflichtet und bemühte sich darum, sein Heilshandeln wirkkräftig in ihrem eigenen Handeln nach- und abzubilden. Doch Jesus hatte keine Anweisungen gegeben, wie sein Tun nach seinem Tod von seinen Jüngern fortzusetzen und weiterzutragen sei. Die junge Kirche sah sich daher vor die Frage gestellt, in welcher Weise und mit welchen Handlungen sie das fortführen sollte, was der irdische Jesus begonnen hatte.

Als grundlegender Ritus für die Aufnahme in die Christengemeinde (»Initiationsritus«) galt für die Urkirche die *Taufe* (vgl. Röm 6,3; 1 Kor 12,13). Und das, obwohl die Evangelien weder etwas davon erwähnen, dass Jesus selbst getauft habe, noch darüber zu berichten wissen, dass seine Jünger es getan hätten. Dennoch wird in der nachösterlichen Gemeinde die Taufe als etwas Selbstverständliches betrachtet. Der so genannte »Taufbefehl« im Matthäusevangelium (Mt 28,19) gilt als Versuch, diese Praxis nachträglich mit einem eigenen Auftragswort des Auferweckten zu begründen.

Viele Theologen vertreten heute die Ansicht, dass die Johannestaufe am Jordan und die Tatsache, dass Jesus selbst sich von dem Bußprediger hatte taufen lassen, für die Gemeinde als Rechtfertigung diente, auf diese Symbolhandlung zurück zu greifen – als sichtbares und erkennbares Zeichen der Bereitschaft, sich der Botschaft und dem Heilsweg Jesu anzuschließen.

Von Anfang an spielte im Leben der Gemeinde das gemeinsame Mahl, das *»Herrenmahl«*, eine herausragende Rolle. Es wurde verstanden als bleibendes Zeichen der von Jesus verkündigten Heilsherrschaft Gottes und ihrer jetzt schon anbrechenden Gegenwart.

Für diese zeichenhaften Handlungen gab es zunächst noch keinen gemeinsamen Oberbegriff. Erst im dritten Jahrhundert wurde die Taufe in der westlichen Kirche als »sacramentum« bezeichnet. Dieses lateinische Wort bezog sich damals auf den Fahneneid der Soldaten oder den Diensteid der Beamten. Die Übernahme dieses Wortes für die Taufe sollte wohl zum Ausdruck bringen, dass der Getaufte nun für Christus in Dienst genommen wird und dass er dabei unter Umständen sein Leben aufs Spiel setzt (Christenverfolgungen). Bald wurde der Ausdruck auch für andere Heilszeichen übernommen. Die Zahl dieser »Sakramente« schwankte bis etwa ins 12. Jahrhundert hinein zwischen 2 und 12. Erst das Konzil von Trient (1545-1563) legte die heute für die römisch-katholische Kirche geltende Siebenzahl fest, während die Kirchen der Reformation bei Taufe und Abendmahl als »den« Sakramenten blieben, gleichwohl aber jene Riten, die sie nicht als Sakramente anerkannten, zum großen Teil als Segenshandlungen beibehielten (Konfirmation, Trauung, Ordination, Krankensegnung).

Die Sakramente (bzw. auch die Segnungen) haben einen dreifachen Aspekt:

- Sie verweisen von der sinnlich wahrnehmbaren Wirklichkeit auf eine tiefere, der sinnlichen Wahrnehmung entzogene, aber innerweltliche Wirklichkeit. Brot, Wein, Mahl sind bereits im irdischen Sinn für die Menschen »Heilsgüter«. Darüber hinaus zeigen sie kraft des ihnen innewohnenden natürlichen Zeichencharakters auf etwas, was mit den Händen nicht greifbar und mit den Augen nicht sichtbar ist. So dient ein Mahl, das Menschen miteinander halten, ihrer Sättigung; es weist aber auch auf ihre Zusammengehörigkeit hin. Auch das eucharistische Mahl war in den Anfangszeiten der Kirche zugleich Sättigungsmahl und Ausdruck der Gemeinschaft (untereinander und mit dem erhöhten Herrn).
- Sie verweisen auf das Heilswirken des historischen Jesus von Nazaret. Sie sind von der Kirche in einem längeren Entwicklungsprozess in ihrer äußeren Form bestimmt und allgemein anerkannt worden als Handlungen, die geeignet sind, das Heilswirken Jesu zu vergegenwärtigen. In ihnen wird das einmalige Tun des historischen Jesus zeit- und raumübergreifend repräsentiert und so für alle Menschen zugänglich gemacht.
- Sie verweisen auf das göttliche Heil, das in der Person und im Handeln Jesu den Menschen zugesprochen wurde. Jesus »zeigte« nicht auf sich, sondern auf den Vater. Die Heilstaten Jesu waren nicht Demonstrationen seiner eigenen Macht, sondern Gleichnis und Abbild der Liebe Gottes zu den Menschen.

### Taufe und eucharistische Mahlgemeinschaft

Die *Taufe* gilt von jeher als das Sakrament der christlichen »Gemeinschaft der Heiligen«. Sie begründet ein sakramentales Band der Einheit zwischen allen Getauften.

Die im Bereich der evangelischen und katholischen Kirchen gespendete Taufe wird heute allgemein als gültig betrachtet und wechselseitig anerkannt. Das gilt auch für die Taufe der Baptisten, Methodisten, Mennoniten, der Herrenhuter Brüdergemeinde und der Sieben-Tage-Adventisten. Umstritten ist die Gültigkeit der Taufe bei der neuapostolischen Kirche und bei den Mormonen. Die Taufe der Zeugen Jehovas ist wohl keine Taufe im Sinne des Neuen Testaments. Heilsarmee, Quäker und Christian Science kennen keine Taufe.[107]

Anders verhält es sich bei der *Mahlgemeinschaft*. Für Jesus gehörte sie zum festen Programm seiner Reich-Gottes-Verkündigung. Er schloss niemand davon aus und veranschaulichte damit das Leben einer Gemeinschaft, die auch Außenstehende in sich aufnimmt und ihnen in vielfacher Weise Heil schenkt.

Diese Zeichenhaftigkeit des Handelns Jesu ist in der heutigen kirchlichen Praxis leider nicht mehr gegeben. Gerade die eucharistische Mahlgemeinschaft wurde und wird bei den verschiedenen Konfessionen der einen Christenheit dazu missbraucht, sich voneinander abzugrenzen. So wird im Ökumenismus-Direktorium der römischen Kirche (1993) ausdrücklich festgeschrieben, dass Katholiken die Sakramente der Eucharistie, Buße und Krankensalbung nur von einem Spender erbitten dürfen, »in dessen Kirche diese Sakramente gültig gespendet werden, oder von einem Spender, von dem feststeht, dass er gemäß katholischer Lehre über die Ordination gültig geweiht ist.«[108] Für Mitglieder anderer Kirchen und kirchlicher Gemeinschaften ist eine Zulassung zu diesen Sakramenten in der katholischen Kirche nur unter starken Einschränkungen erlaubt. Als Bedingungen werden genannt: »Diesem Gläubigen ist es nicht möglich, einen Spender der eigenen Kirche oder kirchlichen Gemeinschaft aufzusuchen, er erbittet von sich aus diese Sakramente, er bekundet den katholischen Glauben bezüglich dieser Sakramente, und er ist in rechter Weise vorbereitet.«[109]

Die Gemeinsame Synode der Bistümer in der Bundesrepublik Deutschland (1975) betont zwar, dass sie die Teilnahme von Katholiken am evangelischen Abendmahl »zum gegenwärtigen Zeitpunkt ... nicht gutheißen« kann. Sie räumt dann aber ein: »Es kann jedoch nicht ausgeschlossen werden, dass ein katholischer Christ – seinem persönlichen Gewissensspruch folgend – in einer besonderen Lage Gründe zu erkennen glaubt, die ihm seine Teilnahme am evangelischen Abendmahl innerlich notwendig erscheinen lassen. Dabei sollte er bedenken, dass eine solche Teilnahme dem inneren Zusammenhang von Eucharistie und Kirchengemeinschaft, besonders im Hinblick auf das Amtsverständnis, nicht entspricht. Bei der Entscheidung, vor die er sich gestellt sieht, darf er weder das Beheimatetsein in der eigenen Kirche gefährden, noch darf seine Entscheidung der Verleugnung des eigenen Glaubens und der eigenen Kirche gleichkommen oder anderen eine solche Deutung nahe legen.«[110]

Auch die Kirchen der Reformation taten und tun sich schwer mit der Abendmahls- bzw. Eucharistiegemeinschaft. Erst seit Oktober 1974 gewähren diejenigen lutherischen, reformierten und unierten Kirchen in Europa sich gegenseitig Abendmahlsgemeinschaft, die die so genannte »Leuenberger Konkordie« angenommen haben. Immerhin wurden schon ein Jahr später für den Einzelfall auch Mitglieder der katholischen Kirche darin einbezogen: »Wenn in besonderen Fällen Glieder der römisch-katholischen Kirche im Vertrauen auf das Wort Christi dieser Einladung folgen und am Abendmahl teilnehmen wollen, sehen wir uns nicht ermächtigt, sie nur deshalb daran zu hindern, weil sie nicht Glieder der evangelisch-lutherischen Kirche sind.«[111]

Als Haupt-»Argument« gegen eine Eucharistiegemeinschaft gilt (vor allem in der römisch-katholischen Kirche) seit Jahrzehnten: Es kann keine Eucharistiegemeinschaft geben, solange keine Kirchengemeinschaft *besteht*. Das Ökumenismusdekret des Zweiten Vatikanischen Konzils sieht es etwas differenzierter: »Er (Christus) hat in seiner Kirche das wunderbare Sakrament der Eucharistie gestiftet, durch das die Einheit der Kirche bezeichnet *und bewirkt* wird.«[112] Das Konzil betont ferner, es habe sich zum Ziel gesetzt, »das christliche Leben unter den Gläubigen mehr und mehr zu vertiefen, die dem Wechsel unterworfenen Einrichtungen den Notwendigkeiten unseres Zeitalters besser anzupassen, *zu fördern, was immer zur Einheit aller, die an Christus glauben, beitragen kann*, und zu stärken, was immer helfen kann, alle in den Schoß der Kirche zu rufen.«[113]

Der zweite Aspekt der »Gemeinschaft der Heiligen« betrifft die Gemeinschaft der Getauften in Glaube, Hoffnung und Liebe, also die innere Struktur der Kirche.

### Gemeinsames Priestertum aller Gläubigen

Die urchristlichen Gemeinden kannten noch keine festen Gemeindestrukturen. Zunächst galten die Apostel als die unumstrittenen Gemeinde- und Missionsleiter. Erst mit der Ausbreitung des Christentums und mit wachsendem zeitlichen Abstand zu seinen Ursprüngen erwies sich eine innere Strukturierung der Gemeinden als erforderlich. Das Amt der »Hirten und Lehrer« (Eph 4,11) bedurfte der Ergänzung und Auffächerung. Zwar standen die verschiedenen Funktionen und Aspekte des einen Hirten- und Lehramtes (Redegabe, Fähigkeit zur Schriftinterpretation, therapeutisch-caritative Dienste, verschiedene Hilfeleistungen, Organisationstalent, Hilfeleistungen, Leitungsgabe u.a.; vgl. 1 Kor 12) zunächst gleichberechtigt nebeneinander, doch erlangte das Leitungsamt (»Bischof«) mehr und mehr eine Vorrangstellung. Die Entwicklung dazu wurde begünstigt durch beginnende Anfeindungen und Verfolgungen und den daraus resultierenden Zwang, einen verantwortlichen Sprecher und Repräsentanten der Gemeinde zu haben, der schnelles Handeln und kompetente Information garantiert. Darüber hinaus mag sich die Einsicht durchgesetzt haben, »dass eine Gemeinde ohne eine gute, nüchtern-pastorale Institutionalisierung ihrer Ämter ... die Gefahr in sich trägt, die Apostolizität und damit letztlich die Christlichkeit ihres Ursprungs, ihrer Inspiration und Orientierung, letztlich ihre eigene Identität endgültig zu verlieren« (E. Schillebeeckx[114]). Nirgends wird allerdings für einen Gemeindeleiter oder eine Gemeindeleiterin jene Bezeichnung gewählt, die im griechischen Sprachraum für ein sakrales Amtspriestertum vorbehalten war: hiereús (davon abgeleitet: Hierarchie).

Einen wichtigen Einschnitt bei der historischen Entwicklung hin zu einem hierarchischen Amt bedeutet die Konstantinische Wende (nach 330). Der gesamte christliche Kult erhält im Gefolge der bisher gültigen heidnischen Kulttradition nun eine staatstragende Funktion. Die Bischöfe werden zu Staatsbeamten und kommen in den Genuss jener Privilegien, die bis dahin den heidnischen Kultdienern und Oberpriestern vorbehalten waren.

Wer ein kirchliches Amt anstrebt oder wer dazu berufen wird, muss zuerst »ordiniert« werden. Diese »Ordinatio« bedeutet Eingliederung in die kirchliche Hierarchie und Absonderung vom niederen »gläubigen Volk«.[115] Das von laós (griech.= Volk) abgeleitete griechische Wort laïkós (= zum Volk gehörig) bezeichnete in den vorchristlichen Jahrhunderten die Nichteingeweihten, das niedere, nicht unterrichtete Volk, die Masse – zum Unterschied von den Höheren, Eingeweihten, Wissenden, über die Masse Hinausgehobenen. Im Neuen Testament wurde »laós« freilich mit völlig anderer Bedeutung verwendet – zur Unterscheidung des *einen* Volkes Gottes von den nicht zu ihm Gehörenden: »Einst wart ihr nicht sein Volk, jetzt aber seid ihr Gottes Volk« (1 Petr 2,9).

Spätestens im 12. Jahrhundert wird die kirchliche Gemeinschaft zu einer Zwei-Klassen-Gesellschaft. Auf der einen Seite stehen die »Geweihten«, die Priester und Bischöfe, auf der anderen die »Laien«. Das Zweite Vatikanische Konzil (1962-1965) bemühte sich zwar, unter Berufung auf den Ersten Petrusbrief (vgl. 1 Petr 2,9) diese Zweiteilung etwas zu entschärfen: »Das Priesterum der Gläubigen und das Priestertum des Dienstes, das heißt das hierarchische Priestertum, unterscheiden sich zwar dem Wesen und nicht bloß dem Grade nach. Dennoch sind sie einander zugeordnet: das eine wie das andere nämlich nimmt je auf besondere Weise am Priestertum Christi teil«.[116] Eine wirkliche Überwindung der Zwei-Klassen-Teilung innerhalb der römisch-katholischen Kirche ist dem Konzil aber nicht gelungen und war von ihm wohl auch nicht beabsichtigt.[117] Eigenverantwortung, Mitsprache- oder gar Mitbestimmungsrecht, wahre Gleichberechtigung auf Grund der gemeinsamen Taufe wird den »Laien« weiterhin vorenthalten.[118]

Von verschiedenen Theologen wird inzwischen die Forderung erhoben, die (römisch-katholische) Kirche solle auf den Begriff »Laie« ganz verzichten, denn »den ›Laien‹ gibt es eigentlich nicht.«[119] Die Idee eines von den übrigen Gemeindemitgliedern unterschiedenen »geistlichen Standes«, der mit einer besonderen sakramentalen »Weihegnade«, mit einem qualifizierten Führungsanspruch und mit heilsmittlerischer Vollmacht ausgestattet ist, lässt sich unter Berufung auf das Neue Testament jedenfalls nicht begründen.

## Die Einheit der pilgernden, der vollendeten und der leidenden Kirche

Als dritter Aspekt der »Gemeinschaft der Heiligen« ist die Gemeinschaft der pilgernden, der vollendeten und der leidenden Kirche zu bedenken.

### Die Einheit der pilgernden Kirche

Schon zu Zeiten des Apostels Paulus gab es durchaus unterschiedliche Formen und »Konfessionen« des Christseins – judenchristliche und hellenistische Gemeinden, kühl denkende Theologen und überschäumende Enthusiasten, Konservative und Progressive, Fundamentalisten und Neuerer (vgl. dazu die beiden Korintherbriefe). Doch die Einheit der Kirche wurde damit nicht in Frage gestellt.

Mit Kaiser Konstantin kam im 4. Jahrhundert eine Wende. Die strenge Reichsideologie verlangte nach einer in Lehre und Disziplin gleichgeschalteten Staatskirche. Christliche Bekenntnisformeln wurden zu Reichsgesetzen, zu Dogmen (kaiserliche Erlasse wurden damals als »Dogmen« bezeichnet; vgl. Lk 2,1 im griechischen Urtext). Die Einheit in der Liebe wurde verdrängt durch die Einheit des Rechts und der verbindlich vorgeschriebenen und unter Strafandrohung für wahr zu haltenden Lehrsätze. Politische Auseinandersetzungen und Hegemoniebestrebungen wurden theologisch untermauert und verstärkt. Abweichler von der Lehre wurden zu Staatsfeinden erklärt.

Dennoch (oder gerade wegen der Verquickung des Glaubens mit politischen Interessen) ließen sich vielfältige Zersplitterungen der einen Christenheit nicht verhindern. Bereits im 9. Jahrhundert war es zu schweren Zerwürfnissen zwischen Ost- und West-Rom gekommen; im 11. Jahrhundert kam es, weniger aus theologischen, eher aus machtpolitischen Gründen, zum endgültigen Bruch. Im 16. Jahrhundert folgte das Auseinanderbrechen der abendländischen Kircheneinheit.

Zwar gab es im 13. und 15. Jahrhundert kurzlebige Wiedervereinigungsversuche zwischen West- und Ostkirche. Aber erst im 20. Jahrhundert besannen sich die Christen ernsthaft auf die ursprüngliche Einheit. Die Initiative dazu ging vor allem von der Basis und weniger von den verantwortlichen Führern aus. Eine weit gefächerte Einigungs- und Sammlungsbewegung der Christenheit erwachte zum Leben – die Ökumene.

Anliegen der Ökumene ist es nicht, einen Zustand vollkommener Uniformität herzustellen, den es sowieso nie gegeben hat. Der eigentliche Skandal liegt nicht darin, dass es in der Christenheit eine Vielgestalt von Konfessionen gibt, sondern in der Tatsache, dass exklusive, sich gegenseitig ausschließende und verurteilende Verschiedenheiten existieren. Erstrebenswert ist das Modell einer geeinten Christenheit in konfessioneller Vielfalt mit wechselseitiger Abhängigkeit und gegenseitiger Beeinflussung.

Dazu wurden inzwischen wichtige Vorarbeiten geleistet. Ein starker Impuls ging vom Zweiten Vatikanischen Konzil aus. Es richtete ein »Sekretariat zur Förderung der Einheit der Christen« ein und verfasste ein eigenes »Ökumenismusdekret«. Gleich zur Einführung wird darin betont: »Die Einheit aller Christen wiederherstellen zu helfen ist eine der Hauptaufgaben des Heiligen Ökumenischen Zweiten Vatikanischen Konzils ... (Die) Spaltung widerspricht ganz offenbar dem Willen Christi, sie ist ein Ärgernis für die Welt und eine Schande für die heilige Sache der Verkündigung des Evangeliums vor allen Geschöpfen.«[120]

Nach dem Vorschlag der gemeinsamen Arbeitsgruppe des römischen Einheitssekretariats und des Ökumenischen Rates der Kirchen (1980) könnte sich die zukünftige Einheit der Kirche als »konziliare Gemeinschaft« verstehen. In dieser Kirche werden die konfessionellen Unterschiede an Bedeutung verlieren, und es wird wieder mehr Raum sein für Minderheiten, für eine Pluralität von einander ergänzenden, vielleicht auch manchmal sich widersprechenden Meinungen, Frömmigkeitsformen, Strukturen und Theologien. Differenzen und Konflikte werden im Geist geschwisterlicher Gemeinschaft ausgetragen. Die Bildung von Hausgemeinden wird zunehmen, wobei freilich die Gefahr einer Privatisierung nicht zu übersehen ist. Ihr müsste durch die Einbindung dieser Gemeindezellen in die je größeren Gemeindestrukturen (»Pfarreien«, »Dekanate«) und durch die Integration in ein übergeordnetes Kirchensystem (katholische, reformierte, lutherische ... Kirche) begegnet werden. Großzügig gewährte Gastfreundschaft beim eucharistischen Mahl, konfessionsübergreifende Projekte und gemeinsame Aktionen garantieren die horizontale und vertikale Kommunikation der Gemeinden. Die überschaubare Gemeindestruktur ermöglicht ein konkretes, situationsbezogenes Hören und Verstehen des Gotteswortes, eine existentiell-dichte Feier der Liturgie und eine Praxis gelebter Geschwisterlichkeit, die auch für den öffentlichen Bereich relevant werden kann. Sie erleichtern das Herauswachsen von Leitungsdiensten aus der Gemeinde selbst, die der Bischof bestätigen und für ihren Dienst autorisieren sollte. Dass Frauen bis in »Führungspositionen« aufsteigen können, ist selbstverständlich.

In den übergeordneten Kirchensystemen wird die monarchische Form des Vorsteheramtes und die Zuständigkeit eines Einzelnen für alles und jedes mehr und mehr der Teamarbeit weichen, weil die komplexen Strukturen und die hochdifferenzierten Anforderungen einer modernen Pastoral nur noch von Spezialisten bewältigt werden können. Die Vorsteher(innen) der Großgemeinden und der Diözesen werden nicht mehr von »oben« eingesetzt, sondern von den Gemeinden gewählt, oder sie wachsen aus ihnen heraus.

Wie eine geeinte Kirche aussehen könnte, haben 1983, 20 Jahre nach dem Konzil, zwei katholische Theologen, Karl Rahner und Heinrich Fries, aufgezeigt. Ihre acht Thesen zur Ökumene stießen auf begeisterte Zustimmung und harschen Widerspruch:[121]

1. Glaubensgemeinschaft ist unabdingbare Grundlage von Kirchen- und Eucharistiegemeinschaft. Es besteht heute Übereinstimmung hinsichtlich der »Grundwahrheiten des Christentums, wie sie in der Heiligen Schrift, im Apostolischen Glaubensbekenntnis und in den Konzilien von Nizäa und Konstantinopel ausgesagt werden«. Im Hinblick auf spezifische »katholische« (Marien-)Dogmen genügt es, wenn sich die evangelischen und orthodoxen Kirchen darüber eines negativen Urteils enthalten.
2. Nicht eine Verschmelzung zu einer Einheitskirche, sondern die Gemeinschaft von Kirchen in der einen Kirche Christi ist anzustreben. Dabei können auch auf demselben Territorium durchaus mehrere Teilkirchen existieren – in »versöhnter Verschiedenheit«.
3. Die Teilkirchen stehen nicht beziehungslos nebeneinander, sondern in Gemeinschaft miteinander.
4. Einer der Dienste an der Einheit ist das Petrusamt, das auch verbindlich in ihrem Namen sprechen kann. Der jeweilige Amtsinhaber wird von allen Teilkirchen gewählt. Die Frage, ob es auch ein Protestant oder ein Angehöriger der orthodoxen Kirche sein könnte, wird von den Autoren nicht erörtert.
5. Alle Teilkirchen haben nach alter Überlieferung Bischöfe an der Spitze ihrer größeren Untergliederungen. An ihrer Wahl sollte das Gottesvolk beteiligt werden. Die Bischöfe bilden in Gemeinschaft mit dem Bischof von Rom ein Kollegium.

6. Die Teilkirchen leben »in einem gegenseitigen brüderlichen Austausch in allen ihren Lebensdimensionen, so dass die bisherige Geschichte und Erfahrung der früher getrennten Kirchen im Leben der anderen Teilkirchen wirksam werden können.« Dies führt nicht zum Verlust ihrer Identität, sondern zur intensiven Verwirklichung und Bereicherung ihrer Katholizität.
7. Die Teilkirchen erkennen ihre Ämter gegenseitig an und verpflichten sich, die Ordination unter Gebet und Handauflegung vorzunehmen.
8. Kirchengemeinschaft besagt Glaubens-, Kanzel- und Abendmahlsgemeinschaft.

## Die Einheit mit der vollendeten Kirche

Die meisten großen Religionsgemeinschaften haben ihre »Heiligen«. Das sind Menschen, noch lebende oder bereits verstorbene, die sich durch besondere Nähe zur Gottheit auszeichne(te)n und/oder den (sittlichen) Anforderungen der Religion in überdurchschnittlichem Maße entsprachen bzw. entsprechen.

Auch die christliche Kirche hat von Anfang an die Verehrung solcher Heiligengestalten gebilligt. Im zweiten nachchristlichen Jahrhundert waren es die »Blutzeugen«, die Martyrer, denen eine besondere Verehrung zuteil wurde. Ihnen folgten im dritten Jahrhundert die »Bekenner«, die wegen ihres Glaubens gefoltert wurden oder die die Nachfolge Jesu in besonders vorbildlicher Weise in ihrem Leben verwirklichten. Sehr früh sind auch Gedächtnisfeiern bezeugt, die Asketen und Bischöfen galten (4. Jahrhundert). Die folgenden Jahrhunderte kennen zunächst heilige Ritter und Adlige, denen sich bald Reiter und Soldaten, Könige und Ordensgründer, Nothelfer und Wohltäter, Mönche und Jungfrauen, Witwen und »weder Jungfrauen noch Martyrinnen« zugesellen.[122]

In den ersten christlichen Jahrhunderten gab es noch keine formelle »Heiligsprechung«. Als einziges Kriterium galt, dass die Heiligen vom Volk verehrt wurden.[123] Wegen aufkommender Missbräuche und um der Anerkennung des Kultes zu Ehren eines bestimmten Heiligen größeres Gewicht zu verleihen, wurde aber immer häufiger der Papst als Entscheidungsinstanz herangezogen. Die erste von einem römischen Bischof formell vorgenommene Heiligsprechung geschah am 11. Juni 993; sie galt dem Bischof Ulrich von Augsburg.

Das Verfahren einer solchen »Kanonisierung« wurde zuletzt 1969 von Papst Paul VI. neu geregelt. Es sieht vor, dass »außer einer hinreichenden Verehrung ... ein zeitlich nach der Seligsprechung auf die Fürsprache des Seligen bewirktes, in einem getrennten Verfahren zu belegendes Wunder erforderlich« ist. »Danach liegt es im allgemeinen Ermessen des Papstes zu entscheiden, ob er die Kanonisation vornehmen will. Einen Rechtsanspruch darauf nach erfolgreich abgeschlossenem Verfahren gibt es nicht.«[124]

Die Geschichte der Heiligenverehrung ist immer auch die Geschichte derjenigen, die sich für die Heiligen interessieren.[125] Die Basis, das »einfache, gläubige Volk« sieht in ihnen Vorbilder und Hoffnungsgestalten, die sich durch heroische Verwirklichung der christlichen Tugenden ausgezeichnet und ganz für Gott geöffnet haben und die somit zu Leitbildern christlicher Existenz geworden sind. Als solche können sie verehrt und um ihre Fürsprache bei Gott angerufen werden. Dabei kam es freilich vor, dass sich auch übertriebene und ungesunde Formen der Heiligenverehrung breit machten – vor allem im Marienkult oder in der Konservierung antijüdischer Einstellungen bei der Verehrung einiger Martyrer (Werner von Oberwesel; Ritualmordkult um Anderl von Rinn[126] u.a.).

Die Leitbildfunktion der Heiligen kann freilich von den Kirchenführern auch dazu instrumentalisiert werden, um dem Kirchenvolk bestimmte Normen und Werte konkret vor Augen zu halten und einzuschärfen, die zu seiner möglichst reibungslosen Führung als besonders wichtig erscheinen. Es muss schon zu denken geben, dass nicht selten Menschen als Heilige hingestellt wurden, die sich durch reichlich problematische »Tugenden« wie übertriebene Schuldgefühle, Strafbedürfnis, Selbsthass, »Engelgleichheit«, Neigung zu Unterwürfigkeit und blindem Gehorsam »auszeichneten«. Die Psychotherapeutin Ursula Neumann fragt: »Die Heiligen haben in der katholischen Kirche die Funktion von Wegweisern. Was bedeutet es, wenn sie einen Weg weisen, an dessen Ende immer nur ein von Angst gepeinigter, schwacher, mit sich selbst zerfallener Mensch stehen kann? Wer kann das wollen?«[127]

Mit Ausnahme der zeitlos-großen Gestalten wie Maria von Nazaret, Franz von Assisi, Teresa von Avila oder Hildegard von Bingen besitzen die »alten« Heiligen heute selten noch Vorbildcharakter. Neue, »moderne« (nicht »kanonisierte«) Heilige sind an ihre Stelle getreten – Martin Luther King, Mutter Teresa, Mahatma Gandhi, Nelson Mandela, Simone Weil, Dietrich Bonhoeffer, Edith Stein, Franz Jägerstätter, Alfred Delp, Sophie und Hans Scholl, Maximilian Kolbe, Papst Johannes XXIII., Roger Schutz, Oscar Romero u.a. Das Zeugnis ihres Lebens fordert zur Nachfolge im Alltag, aber auch zu (Selbst-)Kritik und Gericht heraus. Es ist bezeichnend, dass sich heute gerade solche Heiligen eines besonderen Interesses erfreuen, die als spirituelle und prophetische Menschen gleichermaßen kämpferisch wie kontemplativ, widerständig wie ergeben, unbeugsam wie tolerant, weltzugewandt wie gottverbunden waren.

### Die Einheit mit der leidenden Kirche

Das Bekenntnis zur Einheit mit der leidenden Kirche ist »Zeichen des gemeinschaftlichen Einander-Beistehens und des Füreinander-Einstehens, im Leben wie im Sterben. Keiner tritt allein in das Gericht der Liebe Gottes ein; unser Beten und unser liebendes Tun füreinander behalten ihre Heilsbedeutung auch über den Tod derer hinaus, für die wir beten« (M. Kehl[128]).

Schon das aus dem ersten vorchristlichen Jahrhundert stammende Zweite Makkabäerbuch weiß zu berichten von einem Bittgottesdienst für Gefallene. Ausdrücklich wird solches Tun als »sehr schön und edel« bezeichnet und darauf hingewiesen, dass es ohne Glauben an die Auferstehung »überflüssig und sinnlos gewesen wäre, für die Toten zu beten« (2 Makk 12,42-44).

Dieser Brauch des Gebets und des Opfers für Verstorbene wurde von den christlichen Gemeinden aufgenommen und bis in unsere Gegenwart hinein fortgesetzt. Allerdings bot er auch immer wieder Anlass zu Missverständnissen und Missbräuchen. Noch immer ist die Vorstellung verbreitet, man könne mit einer bestimmten Summe Geld und Gebet und/oder einer Häufung von »Messopfern«, die für die Verstorbenen dargebracht werden, Gott gnädig stimmen und so für die »armen Seelen« eine Verkürzung ihrer Strafzeit im »Fegefeuer« erwirken.

Vor allem im Zusammenhang mit den irreführenden Ablasspredigten zur Zeit Martin Luthers sah sich das Konzil von Trient (1545-1563) zum Einschreiten gezwungen. Es wandte sich gegen phantastische Ausmalungen des »Fegefeuers«, die einer zweifelhaften »Neugierde« dienten, gegen den »Aberglauben« mancher Gebetspraktiken und gegen den »schändlichen Gewinn«, der aus dem Geschäft mit der Angst gezogen wurde. Es mahnte die Beachtung der »gesunden Lehre« an und stellte fest: »Es gibt ein Purgatorium.«[129] Das lateinische Wort »purgatorium« ist abgeleitet von »purgare«, und das heißt »reinigen, säubern«. »Purgatorium« ist also mit »Reinigungsort« oder »Reinigungsgeschehen« zu übersetzen, besser noch mit »Läuterungsgeschehen« oder einfach »Läuterung«.

Der kirchliche Glaube an eine Läuterung im Tod oder nach dem Tod hängt zusammen mit dem Glauben an Gottes (strafende) Gerechtigkeit und (verzeihende) Liebe. Wie sind diese scheinbar widersprüchlichen Eigenschaften zur Harmonie zu bringen? Es ist nicht zu leugnen, dass es in der Welt himmelschreiende Ungerechtigkeit, Grausamkeit und Bestialität, Vernichtung und Zerstörung, Verstümmelung und Ermordung Unschuldiger gegeben hat und gibt, – so viel, dass »keine Strafe von Menschenhand für solche monströsen Taten genug« sein kann.[130] Niemand wird von sich behaupten können, er sei ohne Schuld. Doch über das Maß der Schuld kann sich niemand völlig klar werden. Zu viele, meist unbekannte und unbewusst bleibende Faktoren spielen mit, die menschliche Schuld vergrößern oder verkleinern. Gott allein kennt das richtige Maß.

Es *muss* eine Gerechtigkeit geben. Aber soll diese Gerechtigkeit darin bestehen, dass für abgrundtiefe Schuld in einer *begrenzten* Lebenszeit ein abgrundtiefer Reueschmerz in einer *unbegrenzten* »Zeit« (= Ewigkeit) eingeklagt wird? Dass zur Vergeltung des beklagenswerten und furchtbaren zeitlichen Leids der Opfer ein ewiges Leid über die Täter verhängt wird, das keineswegs weniger beklagenswert und furchtbar ist? Kann es überhaupt einen Himmel geben, wenn »daneben« oder »darunter« eine Hölle existiert?

Eine wirkliche Wieder*gut*machung dieser Schuld ist nur möglich im Lebenszusammenhang mit Gott und den Opfern selbst. »Angesichts ihrer Wunden leidet der Täter. Angesichts der unendlichen Barmherzigkeit Gottes verschärft sich der Schmerz. Aber dieses Leiden ist das Leiden von Geretteten. Die Erinnerung der Opfer findet so in ihnen, die ewig leben dürfen, eine ewige Gegenwart. Ein vom Gesicht der Opfer abgewandtes und abgespaltenes Strafleiden wäre sinnlos, weil dann die Sühne nicht an dem Ort eingeklagt und fruchtbar würde, wo die Schuld verursacht wurde und Leid zugefügt hat« (O. Fuchs[131]).

Die traditionellen Vorstellungen einer »Hölle« und eines »Reinigungsortes« fallen so in eins. »Die Opfer werden mit ihren Wunden, die Täter mit ihrem Kainszeichen erkennbar sein. Die diesseitige Welt wird in der jenseitigen gegenwärtig bleiben. Und die ›therapeutische‹ Kraft des Himmels wird darin liegen, dass es zu einer Versöhnung, zu einer ›Wiedervereinigung‹ gespaltener Welten kommt. Dies geschieht und kann nur geschehen im Kraftfeld der universalen Liebe und unendlichen Versöhnung Gottes«.[132] Die Rede von Hölle und Fegefeuer ist als das zu nehmen, was sie sein will – als Bild. Diese Bildrede will dem Menschen etwas sagen »für sein jetziges Leben, etwas ihn jetzt und hier Betreffendes ..., das ihm Wegweisung für sein Dasein vor Gott, nicht aber Wesenserkenntnisse über bisher unbekannte Gegenstände bieten will« (J. Ratzinger[133]).

## Vergebung der Sünden

Christlicher Glaube bekennt sich zu einem barmherzigen und vergebungsbereiten Gott. Nicht zu einem Gott, der unnachsichtig alle Schuld auf Punkt und Komma ahndet und dessen Gunst sich der Mensch hart verdienen muss. »Aller Lohn ist Gnadenlohn, auf den wir keinen Anspruch haben.«[134]

Schon in den Schriften des Alten Testaments ist immer wieder von einem verzeihenden Gott die Rede: »Würdest du, Herr, unsere Sünden beachten, Herr, wer könnte bestehen? Doch bei dir ist Vergebung« (Ps 130,3-4). Nicht anders ist es bei Jesus. Er vergleicht Gott mit einem Vater, der dem umkehrwilligen und seine Schuld bekennenden Sohn vergebungsbereit entgegeneilt (Lk 15,11-24), und mit einer Frau, die »unermüdlich« ihr verlorenes Geldstück sucht (Lk 15,8-10). Er erzählt von einem Schaf, das sich verirrt hat und über dessen Wiederauffinden große Freude herrscht (Lk 15,3-7), und vom himmlischen Vater, der nicht will, »dass einer von diesen Kleinen verloren geht« (Mt 18,12-14). Als seine Sendung betrachtet er es, »die Sünder zu rufen nicht die Gerechten« (Mk 2,17).

Jesus macht allerdings auch deutlich, dass Gott nur in dem Maße bereit ist, Schuld zu vergeben, als der Mensch gegenüber seinesgleichen dazu gewillt ist: »Erlass uns unsere Schulden, wie auch wir sie unseren Schuldnern erlassen haben ... Denn wenn ihr den Menschen ihre Verfehlungen vergebt, dann wird euer himmlischer Vater auch euch vergeben. Wenn ihr aber den Menschen nicht vergebt, dann wird euch euer Vater eure Verfehlungen auch nicht vergeben« (Mt 6,12.14-15).

An diese Vergebungsbereitschaft Gottes erinnert der Artikel des Apostolischen Glaubensbekenntnisses. Das Niz184

äno-konstantinopolitanische Glaubensbekenntnis weist im entsprechenden Artikel auf den engen Zusammenhang zwischen Taufe und Vergebung der Sünden hin: »Ich bekenne *die eine Taufe* zur Vergebung der Sünden.«

## Die Rechtfertigung des Sünders

Der Komplex »Vergebung der Sünden« (durch die eine Taufe) wird in der paulinischen Theologie unter dem Begriff »Rechtfertigung« zusammengefasst (v.a. in Röm 3-5 und Gal 2,15-5,26). Er besagt das Ganze des Heilshandelns Gottes am Menschen, insofern es Schuld und Sünde des Menschen aufhebt, und zwar unerwartet und unverdient. »Rechtfertigung« ist zu verstehen vor dem Hintergrund alttestamentlicher Theologie. Dort meint »Gerechtigkeit« (hebr.: sédek) Gemeinschaftstreue, gemeinschaftsgemäßes Verhalten in Bezug auf den Bund, den Gott mit Israel.geschlossen (Ex 19-24) und den er ihm »allein aus Gnade« (Dtn 7,6-9) gewährt hat. Diese Gnadengabe schenkt dem Menschen jene Freiheit, die er als Sünder nicht hat: die Freiheit von der Sünde als versklavender Ichverhaftung und die Freiheit zu einem befreiten und befreienden Handeln (vgl. »Bundesbuch«: Ex 21-23).

Israel hat – nach Paulus – diesen Bund immer wieder gebrochen. Es steht »unter der Herrschaft der Sünde« (Röm 3,9-19. 23). Doch Gott bleibt seinem Bund treu. »Als die Zeit erfüllt war, sandte Gott seinen Sohn, geboren von einer Frau und dem Gesetz unterstellt, damit er die freikaufe, die unter dem Gesetz stehen, und damit wir die Sohnschaft erlangen« (Gal 4,4-5). Nun geschieht (erneut und endgültig) gnadenhafte Rettung – »allein« durch die liebende Zuwendung Gottes in Jesus Christus, wie sie die Zeugen seines »bis zur Vollendung« (Joh 13,1) gehenden Lebens und Sterbens »für uns« (1 Kor 15,3) erfahren haben. »Jetzt seid ihr rein gewaschen, seid geheiligt, seid gerecht gesprochen worden durch den Namen des Herrn Jesus Christus und durch den Geist unseres Gottes« (1 Kor 6,11). Das umfassende Heilshandeln Gottes in Jesus Christus bewirkt die »Rechtfertigung des Sünders«.

»Rechtfertigung« darf allerdings nicht magisch verstanden werden als eine Art dingliche Wirkung der Taufe. Es handelt sich vielmehr um ein personales Geschehen: Wer im Glauben an Jesus, den Christus, dessen Welt-, Selbst- und Gottesverständnis übernommen hat, hat alle »Unrichtigkeit« seines bisherigen Lebensvollzugs grundsätzlich überwunden und lebt ein Leben im Geiste Gottes. Aus diesem neuen Sein muss eine neue Lebenspraxis in einer neuen Freiheit erwachsen (vgl. Röm 6,3-10).

## Vergebung der Sünden nach der Taufe

Für die ersten christlichen Gemeinden gilt die Taufe als der Akt der Rechtfertigung und Sündenvergebung, weil ihm die Absage des Taufbewerbers an sein früheres Leben, die Hinwendung zu Gott und die erklärte Bereitschaft zur Nachfolge Jesu vorangehen. Am Pfingsttag ruft Petrus die ratlosen Zeugen der Ereignisse auf: »Kehrt um, und jeder von euch lasse sich auf den Namen Jesu Christi *taufen zur Vergebung seiner Sünden*; dann werdet ihr die Gabe des Heiligen Geistes empfangen« (Apg 2,38). Eine andere Form der Sündenvergebung war in den frühen christlichen Gemeinden zunächst unbekannt.

Das blieb allerdings nicht lange so. Denn auch jene Christinnen und Christen, die sich der Nachfolge Jesu verschrieben und einen neuen Lebenswandel begonnen hatten, waren nicht gefeit gegen Versuchung, gegen Sünde und Schuld. Und so sahen sich die jungen Gemeinden bald vor die Frage gestellt, ob man die Teilnahme am Herrenmahl auch denen weiterhin gestatten sollte, die massive *Schuld* auf sich geladen hatten. Denn von dieser Schuld war die gesamte Gemeinde betroffen, weil die sittliche Ausstrahlung auf Nicht-Christen und die missionarisch-werbende Kraft des Christseins dadurch erheblich beeinträchtigt wurden. Die ganze Gemeinde musste sich daher bemühen, den angerichteten Schaden zu beheben oder nach Kräften wieder gut zu machen. Das Matthäusevangelium empfiehlt dazu ein schrittweises Vorgehen: Einzelgespräch unter vier Augen – Gespräch vor Zeugen – Verhandlung vor der ganzen Gemeindeversammlung. Im Bewusstsein, dass der erhöhte Herr in seiner Gemeinde gegenwärtig ist, wird das endgültige Urteil der Gemeinde – Ausschluss oder Versöhnung – als Urteil des Erhöhten selbst betrachtet: »Was *ihr* auf Erden binden werdet, das wird auch *im Himmel* gebunden sein, und was *ihr* auf Erden lösen werdet, das wird auch *im Himmel* gelöst sein« (Mt 18,15-18). Die Vollmacht, Sünde und Schuld zu vergeben, liegt also letztlich bei der Gemeinde (vgl. Joh 20,23). Bis in die Zeit des Kirchenvaters Augustinus galt die Regel: »Die ganze Kirche bindet und löst die Sünden.«[135]

Bei geringeren Vergehen genügte die private Umkehr und Buße: Gebet und Fasten, Almosen und Wiedergutmachung des angerichteten Schadens. Wenn ein Gemeindeglied sich aber so schwer vergangen hatte, dass dies der Gesamtgemeinde nicht ausreichend erschien, wurde eine öffentliche Buße gefordert. Als schwere Sünden galten seit der Mitte des zweiten Jahrhunderts: Glaubensabfall, Mord und Ehebruch. Die Möglichkeit einer reuigen Rückkehr wurde in diesen Fällen jedem Gemeindemitglied aber nur einmal im Leben gewährt. Wegen der zunehmend härteren Bußauflagen (jahrelanges Tragen von Bußgewändern, Nahrungsentzug, Verbot der ehelichen Geschlechtsgemeinschaft u.a.)

verschoben immer mehr Schuldiggewordene ihre Buße bis ins hohe Alter. Ein Ausweg fand sich in einer Art von psychotherapeutisch-seelsorgerlicher Praxis, die etwa im 6. Jahrhundert aufkam. Der Sünder suchte die Aussprache mit einem als besonders fromm und vorbildhaft geltenden Menschen (der nicht Priester sein musste!). Häufig wurden Mönche als »Beichtväter« gewählt. Wer diesem »geistlichen Vater« oder »Seelenarzt« seine Sünden bekannt (»gebeichtet«) hatte, erhielt von ihm eine im Vergleich zur früheren Praxis wesentlich leichter zu erfüllende Bußauflage und die »Lossprechung«. Das Bußverfahren verlagerte sich damit zunehmend von der Öffentlichkeit ins Private, von der Gemeinde-Seelsorge in die Einzel-Seelsorge.

Einen kräftigen Schub hin zu einer (mindestens) jährlichen »Beichte« brachten in der römisch-katholischen Kirche die zur Zeit des Konzils von Trient (1545-1563) aufkommenden »Kirchengebote«. Sie schrieben – unter anderem – für jeden erwachsenen Katholiken den jährlichen Empfang der Kommunion vor, »und zwar zur österlichen Zeit«. Weil die Kommunion aber in größtmöglicher Sündenreinheit empfangen werden sollte und weil eine selbst von Angst gepeinigte und (darum auch) anderen Angst einjagende Moral-»Theologie« schon in kleinsten Vergehen (vor allem im 6. Gebot!) eine schwere Sünde sah, ergab sich daraus die Forderung einer vorangehenden (allerdings nie ausdrücklich verlangten) »Osterbeicht«.

Eine nochmalige Steigerung der Beicht-Häufigkeit erfolgte durch Papst Pius X., der 1910 (durchaus begrüßenswert) den häufigen Empfang der eucharistischen Gaben propagierte, der es aber nicht wagte die Koppelung zwischen »Beichte« und Eucharistie aufzulösen. Man drängte die Katholiken nunmehr, mindestens alle 4 Wochen beide Sakramente zu empfangen. Die Folge war, dass eine Lawine von Beichtwilligen (bzw. mehr oder minder dazu Genötigten) samstags die Beichtstühle belagerte. Nie wurde in der Geschichte der katholischen Kirche so oft »gebeichtet« wie in den Jahren zwischen 1910 und 1965.

In den Jahren 1965-1970 brach diese Praxis ziemlich schlagartig weitgehend zusammen. Doch weil Sünde und Schuld sich nicht aus der Welt schaffen lassen und weil Menschen auch weiter schuldig werden, traten an die Stelle der Beichtväter häufig Psychotherapeuten, Beratungsstellen oder Selbsterfahrungsgruppen.

Die Erneuerung des Versöhnungsakts (des »Buß-Sakraments«) muss ansetzen mit einer Rückbesinnung auf die biblischen Wurzeln und die Praxis der frühen Kirche. Die entscheidenden Aspekte dabei sind:

- Umkehr, wie Jesus sie fordert, geht hinaus über das, was Buße und Vergebung im herkömmlichen Verständnis bedeuten. Umkehr (griech.: metánoia) meint eine geistige Kehrtwende, eine Bewusstseinsänderung, eine Neuorientierung des Denkens *und* des daraus resultierenden Handelns. Wer im Sinne Jesu umkehrt, der bricht radikal mit der Vergangenheit und beginnt ein neues Leben (vgl. Lk 9,57-62; Mt 8,18-22).
- Umkehr, wie die frühe Kirche sie versteht, hat eine gemeindliche, ekklesiale Struktur, weil und insofern Vergehen und Schuld des Einzelnen die ganze Gemeinde betreffen.

»Das Ziel aller Formen der Sündenvergebung und Versöhnung in der Kirche muss sein, dass jeder einzelne Christ, jede kirchliche Gemeinde und die Gesamtkirche immer sichtbarer und wirksamer zu einer Art Sakrament des Heiles und der heilenden Liebe, vor allem auch der heilenden Entfeindungsliebe werden, zum Heil und Segen für alle Menschen, und so zum Lobpreis des allbarmherzigen Vaters im Himmel und unseres Heilandes Jesus Christus« (B. Häring[136]).

# Schuld, Schuldigkeit, Schuldgefühl, Schuldbewusstsein und Sünde

Das Phänomen »Schuld« ist eine äußerst vielschichtige Wirklichkeit und wird von den Menschen deshalb auch sehr unterschiedlich erlebt und definiert. Eine Unterscheidung der Begriffe ist darum hilfreich. Unter *Schuldigkeit* ist zu verstehen eine situative Herausforderung des Menschen, der er sich nicht entziehen kann, die ihn in Verantwortung ruft und von ihm eine entsprechende Re-Aktion verlangt. Solche »Schuldigkeit« besitzt noch keine moralische Qualität, wohl aber ist sie sittlich bedeutsam, weil sie dem Menschen sein »Angefordertsein«, seine »Zuständigkeit«, seine »Verantwortlichkeit« zu Bewusstsein bringt. Das Erfahren dieses »Anspruchs der Wirklichkeit« zeichnet den Menschen vor allen anderen Lebewesen aus. *Schuld* erwächst erst aus der Art und Weise, wie der Betreffende auf diese seine erkannte »Schuldigkeit« reagiert – ob er ihr nach bestem Wissen und Gewissen nachkommt oder ob er sich ihr wider besseres Wissen und Gewissen verweigert. Die Möglichkeit des Menschen, schuldig zu werden, ist der Preis, den er für seine Freiheit zu zahlen hat. Nur wer sich prinzipiell für schuldfähig hält, spricht sich Freiheit und Verantwortung zu.

Für die nähere Bestimmung der Schuld eines Menschen ist im Verlauf der Menschheitsgeschichte eine Verlagerung des Maßstabs von »außen« nach »innen« zu beobachten – vom äußerlich feststellbaren, »objektiven« Fehlverhalten, das die Gemeinschaft wie den Einzelnen betrifft, bis zur nicht mehr objektivierbaren, subjektiven Schuld des einzelnen Gewissens als letzter und entscheidender »innerer« Instanz des Menschen. Der Akzent der inhaltlichen Bestimmung von Schuld hat sich immer mehr (vor allem durch die Erkenntnisse der Tiefenpsychologie) von der objektiven Tat zur subjektiven, individuellen Einstellung verschoben. Diese Entwicklung führte zu einer gewissen Relativierung der Schuldzumessung. Zwar gibt es nach wie vor einen Kernbestand ethischer Forderungen, deren Missachtung als Schuld erfahren und bewertet wird. Wir tun uns aber schwer, jemand für schuldig zu befinden, der sich (tatsächlich oder nur vorgeblich – wer kann das objektiv nachprüfen?) nicht schuldig fühlt oder der sich (tatsächlich oder nur vorgeblich – wer kann das objektiv nachprüfen?) keiner Schuld bewusst ist. Wer kann schon beurteilen, wie weit die Verantwortlichkeit des Triebtäters herabgesetzt ist? Wie stark Gewöhnung abstumpfen kann, so dass Schuldgefühle gar nicht mehr aufkommen? Ob es nicht auch eine Erziehung, eine Umwelt, einen gesellschaftlichen Trend geben kann, die das nicht mehr als Schuld empfinden lassen, was früheren Generationen selbstverständlich als Schuld erschien? Ob es nicht sogar vorkommen kann, dass etwas heute als moralisch »gut« bewertet wird, was früher als moralisch »schlecht« galt?

Schuldhaftes Handeln liegt erst vor, wenn jemand um seine Schuldigkeit wusste und ihr durchaus hätte nachkommen können, wenn er aber dennoch aus freier Entscheidung und wider besseres Wissen anders gehandelt hat. Freilich kann auch der Fall eintreten, dass jemand objektiv in seiner freien Entscheidung gehindert war und sich darum auch keiner Schuld bewusst ist, dass er aber dennoch von Schuldgefühlen heimgesucht wird. Unbewusstheit bedeutet Einschränkung der Verantwortlichkeit, nicht aber gleichzeitig auch Freiheit von Schuldgefühlen. Es kann sich jemand rational und tatsächlich keiner Schuld bewusst, aber dennoch subjektiv von Schuldgefühlen geplagt sein. »Das Ineinander von Freiheit und Unfreiheit, das nicht allein von Mensch zu Mensch sehr verschieden ist, sondern auch beim gleichen Menschen einer ständigen Veränderung unterliegt, kennzeichnet die conditio humana (die eigenartige Beschaffenheit des Menschen, N.S.). Der Punkt Freiheit ist nicht fixierbar, er kann nur immer je neu erlebt werden« (J. Rudin[137]).

Diese einzigartige Situation des Menschen führt auch zur Beantwortung der Frage nach dem Unterschied von Schuld und

Sünde. Er liegt nicht auf der Ebene des Sachverhalts, sondern im Sinnhorizont. »Sünde« fügt der Realität von »Schuld« nicht etwas inhaltlich Neues hinzu. Sie hebt nur eine tiefere und umfassendere Dimension des schuldhaften Handelns, nämlich den Gottes- und Weltbezug ins Bewusstsein. Sünde ist die Tragödie unglücklicher Gottes-, Selbst- und Nächstenliebe, ein Verhalten gegen die eigene Sehnsucht nach Ganz-Sein, eine angstgetriebene und egozentrische Behinderung und Belastung jener Beziehungen, deren Gelingen man in Wahrheit ersehnt.[138] Sünde ist – biblisch gesehen – der Wunsch, aus der Beziehung zu Gott auszusteigen und selber »wie Gott« sein zu wollen (Gen 3,1-7). Der Akzent liegt nicht auf einer einzelnen Verfehlung, sondern auf der ihr zugrunde liegenden Haltung (»sein wollen wie ...«).

Damit aber wird zum eigentlichen Gegenpol der Sünde nicht das tugendhafte Handeln, das ja durchaus auch ein »(gut) sein wollen wie Gott« als Motiv haben kann, sondern der Glaube. »Wir sind der Überzeugung, dass der Mensch gerecht wird durch Glauben, unabhängig von Werken« (Röm 3,28). Wenn Sünde die Beziehung zu Gott stört oder zerstört, so stellt sie der Glaube wieder her.

## Taufe und »Erbsünde«

Auf die grundlegende Störung der Gottesbeziehung, auf die »Sünde am Anfang« (1 Joh 3,8), weist die kirchliche Lehre von der »Erbsünde« hin. Zur Begründung beruft sich die überkommene (römisch-kath.) Theologie vor allem auf zwei biblische Texte: die Erzählung vom Sündenfall im Ersten Buch Mose und die Adam-Christus-Typologie im Römerbrief.

- In der Sündenfallerzählung (Gen 3) sieht der »Katechismus der Katholischen Kirche« ein »Urereignis, das zu Beginn der Geschichte der Menschen stattgefunden hat«.[139] Die Exegeten sind sich heute freilich weitgehend darin einig, dass es sich beim Bibeltext um einen Versuch handelt, in anschaulicher Weise deutlich zu machen, dass der Mensch von Anfang an Sünder ist und es bleiben wird. Die Erzählung ist ein Versuch zur Deutung eigener leidvoller Erfahrungen, die die Erfahrungen jedes Menschen sind – zu jeder Zeit und zu jeder Kultur. Der Text kann also in keiner Weise verwendet werden als Beleg für eine erste Sünde des ersten Menschen, die dann auf alle Menschen (durch Zeugung) übergegangen ist. Dies zeigt sich auch im übrigen Alten Testament, das an keiner Stelle die Sünde der Menschen auf Adam zurückführt.

- Bei der Adam-Christus-Typologie (Röm 5,12-21) ist vor allem der Vers 12 von Bedeutung: »Durch einen einzigen Menschen (=Adam) kam die Sünde in die Welt und durch die Sünde der Tod, und auf diese Weise gelangte der Tod zu allen Menschen, weil alle sündigten.« Paulus teilt die jüdische Auffassung seiner Zeit, nach der der Sündenfall ein »historisches Ereignis« ist. In »Adam« sieht er den »alten Menschen«, durch den Sünde und Tod in die Welt kamen. Mit »Tod« meint Paulus allerdings nicht einfachhin das biologische Ende des Lebens, sondern die Gottesferne, die »Verdammnis« (vgl. Röm 5,18). Weil alle Menschen gesündigt haben (und noch immer sündigen und auch in Zukunft sündigen werden), wären sie der »Verdammnis« anheim gegeben, wenn nicht Jesus, der »neue Mensch«, durch seinen Tod ihnen die Versöhnung geschenkt hätte (V.10).

Beide Texte wollen deutlich machen, dass alle Menschen seit Anbeginn der Geschichte Sünder sind und es bleiben werden. Allerdings lässt sich das Vorhandensein einer »*Erb*sünde« aus der Sündenfallerzählung nicht ableiten. Diese Vorstellung wurde erst von Augustinus († 430) vor allem im Zusammenhang mit der Frage nach der Heilsbedeutung Jesu entwickelt. In der von »Adam« herkommenden, gesamtgeschichtlichen Unheilssituation sieht Augustinus die »Schuld« jedes einzelnen Menschen, noch bevor er überhaupt – als neugeborenes Kind – die Gelegenheit gehabt hat, persönlich zu sündigen. Diese »Schuld« werde nicht durch individuelle Nachahmung übertragen, sondern durch »Zeugung«. Genauer: Durch die geschlechtliche Lust beim Zeugungsakt. Die gesamte Menschheit erscheint für Augustinus als »massa damnata«, als eine zur ewigen Verdammnis bestimmte Masse. Erst durch das Kreuz Christi und seine Gnade sei die Menschheit von dieser Verdammnis erlöst worden. Nur die Taufe bewirke die Befreiung von der »Erbsünde«. Diese Auffassung des einflussreichen Kirchenlehrers führte dazu, dass die bis dahin eher vereinzelt praktizierte Säuglingstaufe rasch allgemeine Verbreitung fand.[140]

Die kirchliche Erbsündenlehre lässt sich in ihrer ursprünglichen Form heute nicht mehr vertreten. Nicht die Sünde bestimmt das anfängliche Schicksal des Menschen, sondern der allgemeine Heilswille und die Heilsgnade Gottes.[141] Die Taufe eines Unmündigen stellt daher einen »dogmatischen Grenzfall« dar. Sie sollte nicht zum »praktischen Normalfall« gemacht und »nicht als die fast einzige Form und schon gar nicht als die Idealform der Taufspendung gelten.«[142] In jüngster Zeit wird darum die Erwachsenentaufe wieder stärker als »*die* Grundgestalt der Taufe« angesehen.[143]

Darüber hinaus widerspricht die Annahme eines leidlosen, nicht dem Tod unterworfenen menschlichen Urzustands allen naturwissenschaftlichen Informationen über die biologischen Prozesse, aus denen der Mensch hervorgegangen ist. Die Naturwissenschaften sind sich weitgehend darin einig, dass die Gattung Mensch an verschiedenen Stellen der Erde nicht nur in vielen (ersten) Paaren, sondern sogar in vielen voneinander differierenden Stämmen entstanden ist. Für heutiges Denken unzumutbar erscheint auch die Vorstellung, dass die Schuld gleichsam etwas Materielles sei, das (durch Zeugung) vererbbar ist und in der Taufe getilgt (»abgewaschen«) werden kann.

Dennoch besitzt die Erbsündenlehre eine wichtige und unverzichtbare Funktion im Hinblick auf eine christliche Interpretation des menschlichen Daseins. Sie erinnert daran, dass »Heil« nicht Ergebnis menschlicher Leistung oder »Werke« ist, sondern ein Geschenk, das dem Menschen gnadenhaft zukommt. Niemand kann bestreiten, dass die Menschheit täglich-stündlich einem vielfachen Geflecht aus Missverständnissen und Versäumnissen, Irrtümern und Unvermögen, Versagen und Unterlassung bis hin zu schuldhafter Fahrlässigkeit, böswilliger Zerstörung oder gar brutaler Vernichtungswut ausgesetzt ist. Das Individuum oder auch die Gesellschaft mögen noch so viele Kräfte für die Schaffung eines irdischen Heilszustandes investieren, das Ergebnis bleibt ungewiss und kehrt sich nicht selten sogar ins Gegenteil. Die Ideologie eines kommunistischen »Arbeiter- und Bauernparadieses« führte zur »Diktatur des Proletariats«; die Einführung eines islamistischen Gottesstaates hat meist Gewalt und Terror im Gefolge. Die vielfältigen Erfahrungen mit dem Zwangscharakter des Unrechts, der Unterdrückung und des Elends brachten die lateinamerikanische Befreiungstheologie dazu, von einer »sozialen« oder »strukturellen« Sünde zu sprechen. Die europäische Theologie widmete im Kontext der gesellschaftlichen und geistigen Tendenzwende der negativen Seite der menschlichen Existenz (»Theologie nach Auschwitz«) neue Aufmerksamkeit. Man mag es drehen und wenden, wie man will: Jedes Neugeborene bekommt diese »Erblast« zu spüren. Enttäuschungen, Verwirrungen, Schmerzen und Trauer werden ihm nicht erspart bleiben. Und es wird selber diesem unentwirrbaren Knäuel von Schuld und Sünde, von Dummheit und Gedankenlosigkeit, von Bosheit und Heimtücke durch eigenes Versagen neue Erblasten für die folgenden Generationen hinzufügen.

Andererseits ist der Getaufte hineingenommen in das heilschaffende und befreiende Handeln Jesu. Befreiung aus ungerechten Gesellschaftsstrukturen, aus Unterdrückung und Ausbeutung, aus Unheil und Heillosigkeit sind eminent christliche Aufgaben. Leid ist nicht theologisch zu verherrlichen, sondern wirksam zu bekämpfen. Krankheit und Tod dürfen nicht als unabänderliches Schicksal resignierend hingenommen, sondern müssen nach Kräften gemildert und zurückgedrängt werden. Angesichts des Massenelends, das ein Menschsein in Anstand und Würde vielfach unmöglich macht, stellt sich für die Theologie die Frage, was sie zur Überwindung dieser »Strukturen des Bösen« (E. Drewermann) zu leisten vermag, welchen Beitrag sie erbringen kann, damit menschenwürdiges Leben in einer unmenschlich gewordenen Welt überhaupt möglich ist. Denn Gott – das ist Inhalt der christlichen Frohbotschaft – will nicht die Übel dieser Welt. Das zeigt der Einsatz Jesu zur Überwindung von Leid, Ungerechtigkeit, Krankheit und Tod. Die Hineinnahme in das Lebensschicksal Jesu, wie es in der Taufe geschieht, rüstet und verpflichtet zum Kampf gegen die »Macht der Sünde«, die sich wie ein unabwendbares Verhängnis über die Geschichte der gesamten Menschheit ausgebreitet hat. Die Erbsündenlehre kann darum als eine »Theologie der Geschichte« und als »Theologie der Befreiung« verstanden werden.[144]

# Auferstehung der Toten

## Der Glaube an die Auferstehung der Toten ist in der Bibel erst spät belegt

Es ist verwunderlich, dass angesichts des massiven Glaubens an ein Weiterleben der Toten, wie er für Israels Nachbarland Ägypten kennzeichnend war, in den älteren Schichten des Alten Testaments ein solcher Glaube nicht bezeugt ist. Nach dem um 900 v.Chr. entstandenen biblischen Text verkündet Gott dem Adam nüchtern und unpathetisch: »Staub bist du, zu Staub musst du zurück« (Gen 3,19). Die Toten »sind wie Wasser, das auf die Erde geschüttet wird und das man nicht mehr fassen kann« (2 Sam 14,14). Dem Abraham wird für seinen Glaubensgehorsam nur ein Fortleben in überaus zahlreicher Nachkommenschaft verheißen (Gen 13,16; 15,5; 22,17). Allerdings wird auch unmissverständlich festgehalten, dass Jahwe der Herr des Lebens ist. So wie Jahwe den »Adam« aus Ackerboden geformt und ihm das Leben geschenkt hat, kann er auch die Toten wieder lebendig machen: »Der Herr tötet und macht lebendig; er stößt in die Grube und führt wieder herauf« (1 Sam 2,6).

Erst durch das Zusammentreffen Israels mit der babylonisch-parsistischen und hellenistischen Kultur (ab etwa 5. Jh. v.Chr.) werden Ansätze des Glaubens an eine individuelle Auferstehung erkennbar. So spricht das Buch Daniel die Erwartung aus: »Am Ende der Tage wird dein Volk (Israel) gerettet werden, ein jeder, der sich aufgezeichnet findet im Buch des Lebens. Und viele von denen, die schlafen im Erdenstaube, werden erwachen, die einen zum ewigen Leben, die anderen zur Schmach, zu ewiger Abscheu« (Dan 21,1-2).

Die Hoffnung auf »ewiges« Leben richtet sich weniger auf den Einzelnen. Im Vordergrund steht das Leben und Überleben der Gemeinschaft. Die Zukunftshoffnung ist stärker auf Gottes Handeln an der Gemeinschaft als auf das Geschick des Einzelnen gerichtet. Nicht das Individuum, sondern der (mit dem Volk Israel geschlossene) Bund soll ewig leben: »Auf ewig gedenkt der Herr seines Bundes, auf tausend Geschlechter des Wortes, das er gegeben, des Bundes, den er mit Abraham geschlossen, und des Eides, den er Isaak geschworen« (1 Chr 16,17). Die Verheißungen Jahwes gelten immer zuerst dem Bund, dem Einzelnen nur insofern, als sie für den Bund und das Bundesvolk bedeutsam und heilbringend sind (vgl. Jes 42,6). Dieser Bund aber ist ewig (1 Chr 16,17). Der Bund und die Zugehörigkeit zum Bundesvolk geben letztlich Anlass zu berechtigter Hoffnung auf ein neues Leben nach dem Tod.

Die Evangelien lassen vermuten, dass Jesus nur selten ausdrücklich von der Auferstehung der Toten gesprochen hat. Allerdings setzen zahlreiche seiner überlieferten Worte diesen Glauben voraus – so etwa die Parabel vom reichen Prasser und vom armen Lazarus (Lk 16,19-31). Im Mittelpunkt der Verkündigung Jesu steht die Botschaft vom Anbruch des Gottesreiches. Es ist

»schon jetzt« angebrochen (vgl. Mk 1,15; Lk 11,20), aber in seiner Vollendung steht es noch aus (vgl. Mk 14,25; Lk 13,29). Die Gegenwart ist für Jesus eine Chance, das endgültige Heil zu finden. Gegenwart und Zukunft bilden eine Einheit. Das Gericht geschieht nicht in grauer Zukunft. Vielmehr wird »jetzt Gericht gehalten über diese Welt« – so fasst der Evangelist Johannes die Botschaft Jesu zusammen (Joh 12,31).

Allerdings zieht die frühjüdische Apokalyptik, in deren Tradition auch Jesus und Paulus stehen, eine scharfe Trennungslinie zwischen dem »Ende der Tage« und dem »danach«. Hier stoßen zwei völlig verschiedene Weltzeiten aufeinander: eine Weltzeit, die sich ihrem von Gott bestimmten Ende zuneigt, und eine Weltzeit, in der die unbeschränkte und uneingeschränkte Herrschaft Gottes auf der Erde und im gesamten Kosmos durchgesetzt wird. Auferweckung der Toten durch das souveräne Handeln Gottes ist gleichbedeutend mit einer Neuschöpfung. Auch bei Paulus ist dieser Gedanke anzutreffen. Er spricht von »dem Gott, der die Toten lebendig macht und das, was nicht ist, ins Dasein ruft« (Röm 4,17). Damit aber stellt sich die Frage, was das Durchhaltende, das Bleibende zwischen dem gestorbenen Menschen und dem von Gott auferweckten – und damit neu geschaffenen – sei. Für Paulus gibt es darauf nur eine Antwort: Es gibt keine andere Kontinuität, als die das Stadium der völligen Vernichtung des Menschen in Tod und Verwesung durchtragende und überdauernde Treue und Erinnerung Gottes an unsere Geschichte (vgl. 1 Kor 15,35-45). Es bleibt nichts vom Menschen, was den Tod überdauert. Die Hoffnung auf ein (neues) Leben nach dem Tod ist allein begründet im Glauben an einen vertrauens- und glaubwürdigen Gott und in der Zuversicht, dass er diese unsere Geschichte im Akt einer Neuschöpfung ebenso zu ihrem »Ende« bringen wird, wie er die Geschichte des Jesus von Nazaret zu »Ende« gebracht hat – und dieses »Ende« war der Anfang eines neuen Lebens (vgl. Röm 6,4[145]).

Weder das Alte noch das Neue Testament kennen eine Zweiteilung des Menschen in einen sterblichen Leib und eine unsterbliche Seele. Das in deutschen Übersetzungen mit »Seele« wiedergegebene hebräische Wort »néfeš« kommt von einem Stamm nfs (= blasen, Atem holen), und bedeutet ursprünglich Kehle, Gurgel. Im übertragenen Sinn wird es verwendet als Träger der Gedanken und Empfindungen. Nie wird im Alten Testament »Seele« getrennt vom Körper gesehen. »Seele« ist immer der ganze, lebendige, irdische Mensch (Gen 2,7), das Ich des Menschen (Ps 103,1). Deshalb ist die »Seele« sterblich, sie kann »verwelken« (Jer 15,9), »dahingerafft werden mit den Sündern« (Ps 26,1), »sterben« (Num 23,10).

Die neutestamentlichen Aussagen knüpfen bei dieser Vorstellung an. Seine »Seele« verlieren bedeutet das Leben verlieren (Mk 8,34-37). Auch das Jesuswort bei Matthäus »Fürchtet euch nicht vor denen, die den Leib töten, die Seele aber nicht töten können, sondern fürchtet vielmehr den, der Seele und Leib verderben kann« (Mt 10,28) braucht keineswegs so verstanden zu werden, als sei darin die Unsterblichkeit der Seele vorausgesetzt und ausgesprochen. Auch hier ist unter »Seele« das Leben gemeint, vielleicht zur Verdeutlichung mit einer Akzentuierung auf dem Artikel »*das*« (von Gott geschenkte neue) Leben.

Die Schriften beider Testamente sehen den Menschen als Leib-Geist-Seele-Einheit. Der Glaube an eine (von Gott eigens geschaffene, individuelle) unsterbliche Geist-Seele kommt erst durch das Zusammentreffen mit dem hellenistischen Denken auf. Nach Platon (427-348 v.Chr.) steigt die von einem »Demiurgen«, einem Zwischenwesen zwischen Göttern und Menschen, erschaffene unsterbliche Geist-Seele von außen, von »oben«, in die sichtbare, materielle Welt hinab. Die Seele ist das eigentlich Menschliche, der materielle Leib aber das Niedrige, das die Seele in ihrer Entfaltung hemmt und sie versklavt. Der Leib ist das Gefängnis der Seele. Die Lebensaufgabe des Menschen kann nur darin bestehen, sich von der Materie, vom Leib, zu befreien, um in das ewige Reich des Geistes zurückzukehren. Die Hoffnung auf eine naturale Wiederherstellung des *gesamten* Menschen (mit Seele *und Leib*) ist griechischem Denken fremd.

Um bei der christlichen Missionspredigt vor Griechen und Römern nicht von vornherein auf Ablehnung zu stoßen, musste diese im gesamten Römischen Imperium verbreitete Auffassung in irgendeiner Weise übernommen werden. Im Gefolge dieses Angleichungsprozesses wurden die einschlägigen biblischen Texte gegen ihren ursprünglichen Aussageinhalt umgedeutet und damit missverstanden. Die meisten altchristlichen Glaubensbekenntnisse sprechen deshalb nicht mehr von einer »Auferstehung der *Toten*«, wie Paulus und vor ihm die Schriften des Alten Testaments das noch tun (vgl. 1 Kor 15,12-16; Jes 26,19; Dan 12,2), sondern von der »Auferstehung des *Fleisches*«.[146] Dahinter verbirgt sich die hellenistische Vorstellung, dass die unsterbliche Seele eigentlich gar nicht vom Tode »auferstehen« kann, weil sie ja unsterblich ist. Was der Auferstehung bedarf, ist lediglich der sterbliche Leib, das »Fleisch«.

Diese (leibfeindliche) Zweiteilung des Menschen (sterblicher Leib – unsterbliche Seele) drang, ausgehend vom griechischen Denken, mehr und mehr in das Christentum ein. Allerdings erfolgte mit dem Bekenntnis zum Glauben an eine Auferstehung *auch* des »Fleisches« eine nicht unwesentliche Veränderung der hellenistischen Vorstellung. Hier setzte sich das biblische Ganzheitsdenken durch.

1974 hat die wiedergewonnene biblische Sicht von der unteilbaren Ganzheit und Einheit des leib-geist-seelischen Menschen Eingang ins Credo gefunden: Statt »Auferstehung *des Fleisches*« heißt es jetzt »Auferstehung *der Toten*«.

In der heutigen naturwissenschaftlichen und philosophischen Diskussion wird der Begriff »Seele« meist vermieden, weil er zu stark religiös besetzt ist und sich damit einem rationalen Diskurs oder einer experimentellen Erforschung entzieht. Stattdessen redet man eher von »Bewusstsein« oder von »mentaler Substanz«. Doch auch der Begriff »Bewusstsein« ist reichlich unscharf. Es gibt bis heute kein wirklich verlässliches empirisches Kriterium, mittels dessen sich eine exakte Grenzlinie zwischen bewussten und nicht-bewussten Zuständen ziehen ließe. Man weiß überhaupt nicht, was überhaupt zu messen sei. Die moderne Leib-Seele-Debatte kreist um die Frage, in welcher Weise die Abhängigkeit aller mentalen Phänomene (Freude, Leid, Denken etc.) von der Tätigkeit des (physisch-materiellen) Gehirns zu erklären ist und wie man dabei gleichzeitig der grundlegenden Verschiedenheit mentaler und physischer Phänomene gerecht werden kann. Dabei stehen sich drei Deutungsversuche gegenüber:

- Naturalistisch-funktionale Deutung: Seelisch-Mentales ist wie die Software eines Computers, die die komplexen Zusammenhänge zwischen In- und Output steuert;
- Monistische Deutung: Mentale Vorgänge sind identisch mit den physikalischen Gegebenheiten eines bestimmten (materiellen) Körper-Bausteins (»type-identity«);
- Dualistische Deutung: Die (immaterielle) Seele ist wie ein Steuermann im Boot des (materiellen) Körpers, von dem sie sich endgültig erst im Tod befreien kann.

Eine befriedigende Erklärung der eigenartigen Phänomene (Abhängigkeit bei gleichzeitiger Verschiedenheit) bietet keiner der drei Ansätze. Namhafte Forscher (Carrier, Mittelstraß) verlangen daher, dass man das, was dem Augenschein nach verschieden ist, so lange als verschiedene Phänomene behandeln sollte, bis deren Identität mit empirischen oder theoretischen Mitteln geklärt ist.

# Das ewige Leben

Gott ist die Quelle des Lebens (Ps 36,10). Er ist der schlechthin »Lebendige«; er ist »*das*« Leben (vgl. 1 Sam 20,3; 2 Sam 2,27; Pss 42,3; 84,3; Jer 10,10; 23,36; Hos 2,1). Allein er kann Leben schenken (Ps 21,5). Leben zu empfangen ist darum eine Heilsgabe. Nur wer den Herrn sucht und seine Satzungen einhält, wird leben (Am 5,4; Lev 18,5). Für die Frommen ist dieses Leben von Dauer; sie werden, wenn sie gestorben sind, zu »ewigem Leben« erwachen (Dan 12,2).

Ähnliches Gedankengut findet sich im Johannesevangelium. Es wird hier auf Jesus bezogen. Wie der Vater das Leben in sich hat, so hat er auch dem Sohn gegeben, das Leben in sich zu haben (Joh 5,26). Jesus ist das Leben (Joh 14,6). Er verkündet »Worte ewigen Lebens« (Joh 6,68). Wer an ihn glaubt, wird leben, auch wenn er stirbt (Joh 11,25). Wer glaubt, hat schon das ewige Leben (Joh 6,47). Und das ist das ewige Leben: Den wahren Gott erkennen und Jesus Christus, seinen Gesandten (Joh 17,3).

Heute erscheint der Glaube an ein wie immer geartetes »(ewiges) Leben« nach dem Tod keineswegs mehr selbstverständlich. »Lasst euch nicht verführen! Es gibt keine Wiederkehr ... Ihr sterbt mit allen Tieren, und es kommt nichts nachher,« so dichtete der junge Bertolt Brecht und verlieh damit einem verbreiteten Zeitgefühl auf einprägsame Weise Ausdruck.[147] Nicht wenige sehen im Glauben an ein ewiges Leben den Ausdruck puren Wunschdenkens, die »Zukunft einer Illusion« (S. Freud) oder das Produkt des menschlichen Selbsterhaltungstriebes. Doch reicht das zur Erklärung aus? Es ist zwar richtig, »dass darum etwas noch nicht existiert, weil man es wünscht; aber es ist nicht richtig, dass darum etwas nicht existieren könne, weil man es wünscht.«[148] Aus dem Wunsch und der Hoffnung auf ein ewiges

Leben nach dem Tod folgt selbstverständlich nicht dessen Realität – aber ebenso selbstverständlich auch nicht dessen Nicht-Realität. Es bleibt die ernsthafte Frage, ob eine zu allen Zeiten und an allen Orten zu belegende Menschheits-Hoffnung tatsächlich ins Leere zielt.

Es gibt eine Reihe von Fallen, in die man tappen kann, wenn man genauer wissen möchte, was »ewiges Leben« ist. Die erste besteht in der Verjenseitigung des »Himmels« und in der daraus folgenden Vertröstung auf die bessere Zeit nach diesem »irdischen Jammertal«. Die andere Gefahr liegt in einer individualistischen Engführung, in einer Art »Privatisierung« des Himmels (»Rette *deine* Seele«). Als Drittes wäre die patriarchalische Falle zu benennen: Gott als der Übervater im Himmel (»Droben überm Sternenzelt muss ein lieber Vater wohnen«). Und viertens gibt es einen kapitalistisch-konsumistischen Missbrauch bei den Frommen: den Himmel sich verdienen müssen durch Wohlverhalten und Bravsein, durch »Workaholismus« in frommen und guten Werken.[149]

»Ewiges Leben« ist als Bildwort neben anderen Bildworten zu begreifen. Es steht für die Gegenwart Gottes, für die umfassende und unzerstörbare Gemeinschaft mit Gott und mit aller Kreatur. Es ist synonym mit »(ewige) Ruhe« (Offb 14,13), »Abrahams Schoß« (vgl. Lk 16,22), »Hochzeit(mahl)« (Mt 22,1-10; 25,1-13; Offb 21,2), »Fest(mahl)« (Mt 8,11; Offb 19,7-9), »Paradies« (Lk 23,42 f.), »neue Stadt« (vgl. Offb 21,9-22,5), »Abwischen aller Tränen« (Offb 21,4), »Leben in Fülle« (Joh 10,10).

Wenn Gott »alles in *allen*« bewirkt (Röm 12,6) und wenn er es ist, der »alles neu machen wird« (Offb 21,4), dann ist auch zu fragen, ob nicht im Hinblick auf die jüngsten Impulse einer ökologisch orientierten Theologie und ausgehend von der bekannten Stelle im Römerbrief (»Die ganze Schöpfung wartet sehnsüchtig auf das Offenbarwerden der Söhne Gottes, sie seufzt und liegt in Geburtswehen«; Röm 8,19.22) auch bei der außermenschlichen Schöpfung – Steine, Pflanzen, Tiere – von einer »Auferstehung zum ewigen Leben« gesprochen werden kann und muss.

Wenige Tage vor seinem Tod hat Karl Rahner (1904-1984), einer der größten und bedeutendsten katholischen Theologen dieses Jahrhunderts, in geradezu poetischer Sprache zu umschreiben versucht, was er mit »ewiges Leben« meint:

> Mir will scheinen, dass die Vorstellungsschemata, mit denen man sich das Ewige Leben zu verdeutlichen sucht, meist wenig zu der radikalen Zäsur passen, die doch mit dem Tod gegeben ist. Man denkt sich das Ewige Leben, das man schon seltsam als ›jenseitig‹ und ›nach‹ dem Tod weitergehend bezeichnet, zu sehr ausstaffiert mit Wirklichkeiten, die uns hier vertraut sind: als Weiterleben, als Begegnung mit denen, die uns hier nahe waren, als Freude und Friede, als Gastmahl und Jubel und all das und Ähnliches, als nie aufhörend und weitergehend. Ich fürchte, die radikale Unbegreiflichkeit dessen, was mit Ewigem Leben wirklich gemeint ist, wird verharmlost, und was wir unmittelbare Gottesschau in diesem Ewigen Leben nennen, wird herabgestuft zu einer erfreulichen Beschäftigung neben anderen, die dieses Leben erfüllen ... Ich gestehe, dass es mir eine quälende, nicht bewältigte Aufgabe des Theologen von heute zu sein scheint, ein besseres Vorstellungsmodell für dieses Ewige Leben zu entdecken, das diese genannten Verharmlosungen von vornherein ausschließt. Aber wie? Aber wie?
>
> Wenn die Engel des Todes all den nichtigen Müll, den wir unsere Geschichte nennen, aus den Räumen unseres Geistes hinausgeschafft haben ..., wenn alle Sterne unserer Ideale, mit denen wir selbst aus eigener Anmaßung den Himmel unserer Existenz drapiert hatten, verglüht und erloschen sind, wenn der Tod eine ungeheuerlich schweigende Leere errichtet hat und wir diese glaubend und hoffend als unser wahres Wesen schweigend angenommen haben ..., wenn sich zeigt, dass diese ungeheure schweigende Leere, die wir als Tod empfinden, in Wahrheit erfüllt ist von dem Urgeheimnis, das wir Gott nennen, von seinem reinen Licht und seiner alles nehmenden und alles schenkenden Liebe, und wenn uns dann auch noch aus diesem Geheimnis das Antlitz Jesu, des Gebenedeiten, erscheint und uns anblickt, dann, dann ... So ungefähr möchte ich nicht eigentlich beschreiben, was kommt, aber doch stammelnd andeuten, wie einer vorläufig das Kommende erwarten kann, indem er den Untergang des Todes selbst schon als Aufgang dessen erfährt, was kommt.[150]

Noch ein weiterer Umschreibungsversuch des »ewigen Lebens« sei hier genannt. Er stammt von Hans Küng:

- »Ein *Leben*, in das wir mit unserer ganzen Geschichte hineingenommen sind, in welchem aber Vorläufigkeit und Sterblichkeit überwunden sein werden durch Dauer und Beständigkeit; ein wahres, unvergängliches Leben in jenem Gott, der sich am Gekreuzigten als der lebendige, lebenschenkende Gott erwiesen hat: ein *ewiges* Leben!
- Eine *Gerechtigkeit*, für die wir in dieser Gesellschaft bereits kämpfen, ohne sie aber wegen der Ungleichheit, Unfähigkeit und Unwilligkeit der Menschen je zu erreichen; eine Gerechtigkeit, die – vom gerechtfertigten Jesus her – sich als das Recht seiner Gnade erweist, die Gerechtigkeit und Barmherzigkeit vereint: eine *allesübersteigende* Gerechtigkeit!
- Eine *Freiheit*, die wir auf Erden schon gespürt haben, deren Relativitäten jedoch aufgehoben sein werden durch das Absolute selbst; eine Freiheit, die – Gottes großes Geschenk in Jesus – Gesetz und Moral endgültig hinter sich gelassen hat: eine *vollkommene* Freiheit!
- Eine Liebe, die uns hier schon zuteil wurde, die wir hier schon gestiftet haben, deren Schwäche und Leid indessen verwandelt sein werden durch göttliche Kraft und Macht, eine ganz und gar erfüllte Liebe durch den Gott, dessen Liebe sich in Jesus stärker denn selbst der Tod erwiesen hat: eine *unendliche* Liebe!
- Ein *Heil*, dessen Ahnung wir hier schon erfahren haben, dessen Gebrechlichkeit und Bruchstückhaftigkeit jedoch gänzlich aufgehoben sein werden in einem definitiven Ganz-Sein, Heil-Sein Gottes, das im Lichte der Auferweckung des Getöteten den Menschen in allen seinen leib-seelischen Dimensionen erfasst: ein *endgültiges* Heil!«[151]

# Amen

Das Wort »Amen« kommt aus dem Hebräischen und heißt »So soll es sein«. Das Wort gilt als Zustimmung zur Übernahme einer Verpflichtung (vgl. 1 Kön 1,36; Jer 11,5) oder als Verwünschung für den Fall, dass einer seiner Verpflichtung nicht nachkommen sollte (vgl. Num 5,22; Dtn 27,15-26).

Bevor jemand zu etwas »Amen« sagt, sollte er sich also gut überlegen, ob er die damit gegebene Zustimmung verantworten oder die übernommene Verpflichtung einlösen kann. Er sollte sich darüber Klarheit verschaffen, ob er nicht vielleicht mit seinem »Amen« das Einverständnis zu etwas gibt, was ihn später mehr als gewollt in Anspruch nehmen wird. Er sollte sich die Konsequenzen ins Bewusstsein rufen, die mit seinem »Amen« für ihn selbst und für andere erwachsen und die vielleicht so gravierend und einschneidend sind, dass er der übernommenen Verpflichtung gar nicht oder nur mit größter Mühe nachkommen kann.

Dies gilt auch für das Glaubensbekenntnis. Christlicher Glaube ist ein Glaube von Menschen, die zu einer bestimmten Zeit und in einer bestimmten Situation leben. Fundament und Substanz dieses Glaubens sind überzeitlich, aber Gewand und Form sind zeitbedingt und zeitabhängig. Sie müssen es sogar sein. Denn kein Mensch gelangt fertig zur Welt. Vielmehr wird ihm die Aufgabe einer lebenslangen Entfaltung und Entwicklung in die Wiege gegeben. Die körperliche Entwicklung funktioniert weitgehend selbständig. Für die geistige Entwicklung und für das Reifwerden der Persönlichkeit muss er in größerem Umfang selber tätig werden.

Diese Wachstumsgesetze besitzen auch für den Glauben Gültigkeit. Es gibt (das ist uralte kirchliche Lehre) einen *Fort-*

*schritt* in der Glaubenslehre – für die Kirche insgesamt wie für den einzelnen Gläubigen. Der »Fortschritt« gründet auf einer stetigen Re-vision, einer *Rück*schau auf die Grundlagen und die Ursprünge des Glaubens. Die Fundamente müssen immer wieder neu ent-deckt, aufgedeckt, offen gelegt werden. Noch viele Schätze sind verborgen. Noch manches ist ans Tageslicht zu fördern. Einiges wurde falsch verstanden und wird erst jetzt, in einem anderen Licht und angesichts neuer Erkenntnisse, sichtbar und verständlich.

Von dieser Basis aus muss zu uns hin eine tragfähige Brücke gebaut werden – über den Abgrund von zwei Jahrtausenden hinweg. Denn manches an dieser alten Brücke ist morsch geworden. Überwucherungen, Firnis und Auswüchse haben sich im Lauf der Jahrhunderte angesetzt. Es braucht neue Formen für die Über-Setzung der alten Glaubensformeln in unsere Gegenwart. Das, was damals gemeint war, muss heute neu zur Sprache gebracht werden. Wenn es vorwärts gehen soll, müssen Missverständnisse behoben, Unklarheiten beseitigt und unnütze Hindernisse aus dem Weg geräumt werden. Nur so können die neu entdeckten Schätze zu leuchten beginnen, kann der in die alten Schläuche gefüllte neue Wein trunken machen, kann der Geist wehen und alles mit neuem Atem erfüllen.

Dann werden Menschen (wieder) bereit sein, hier und heute in dieser unserer modernen Welt ihr »Amen« zum christlichen Glaubensbekenntnis zu sagen.

# Dritter Teil

# Eine neue Form des Glaubensbekenntnisses

## Vorüberlegungen

Vor gut dreißig Jahren hat Karl Rahner sehr eindringlich auf die Notwendigkeit neuer »Kurzformeln des Glaubens« hingewiesen: »Bei all diesen Überlegungen geht man von der Voraussetzung aus, dass das ›Apostolische Glaubensbekenntnis‹, so alt und ehrwürdig es ist, so wichtig der Umstand seines Gebrauches in allen christlichen Kirchen ist, so sehr es immer eine bleibend verpflichtende Glaubensnorm sein wird, dennoch heute nicht einfach die Funktion einer solchen Grundformel in genügender Weise ausüben kann, weil es eben doch zu wenig unmittelbar die heutige geistige Situation anruft.«[152]

Gerade und vor allem im Hinblick auf die »heutige geistige Situation« halte ich es für dringend angezeigt, Versuche einer Neuformulierung des Glaubensbekenntnisses zu wagen. Denn »eine wirksame Mission der Kirche gegenüber dem modernen Unglauben erfordert ebenfalls eine Bezeugung christlicher Botschaft, in der diese wirklich verständlich wird für den Menschen von heute ... Eine solche Grundformel soll trotz ihrer Kürze nach Möglichkeit unmittelbar beim Hörer ohne viel Kommentar verständlich sein und ›ankommen‹ können. Der Inhalt ... sollte vor allem in dem bestehen, was für den betreffenden Hörer einen ersten, aber Erfolg bietenden Ausgangspunkt bedeutet für das Verständnis des ganzen christlichen Glaubens« (K. Rahner[153]).

Als Zielgruppen einer solchen »ohne viel Kommentar verständlichen« Glaubensformel kommen vor allem Menschen in Frage, die eine erste Kontaktaufnahme mit dem christlichen Glauben suchen – Taufbewerberinnen und -bewerber, Frauen und Männer ohne kirchliche Sozialisation, Verunsicherte und Fragende. Aber auch (interessierten) Firm- oder Konfirmationsgruppen könnte eine derartige Formel Anregungen zum Gespräch über den Glauben bieten. Sie könnte unnötige Hindernisse gar nicht erst aufbauen und so neue Zugänge zum Glauben eröffnen. Für manche könnte sie das Bleiben im Glauben erleichtern.[154]

Bei einer viel beachteten internationalen Tagung im Kloster Andechs zum Thema »Den Glauben bezeugen in säkularisierter Gesellschaft« verlangten vor allem Vertreter aus den neuen deutschen Ländern, die Kirche müsse »durch bewusst niedrige Zugangsschwellen auch für jene einladend sein, die nur zaghaft oder teilweise kommen.« Aufgabe der Theologie und der Kirche dürfe »einzig und allein der Mensch sein, nicht die Sorge um die eigene Zukunft«[155].

Es wäre wünschenswert, wenn eine solche Neuformulierung – auch im Hinblick auf die hier genannten Zielgruppen – in gewisser Weise »offiziellen« Charakter bekommen würde. Im Laufe der Kirchengeschichte hat es bis in die jüngste Zeit hinein immer wieder zumindest »offiziöse« Neu- und Umformulierungen des Apostolischen Glaubensbekenntnisses gegeben (Nizäno-konstantinopolitanisches Glaubensbekenntnis, Pseudo-Athanasianum, Credo Papst Pauls VI., u.a.). Stets waren diese Texte ausführlicher und umfangreicher als das älteste Bekenntnis, das Apostolicum. Warum sollte es nicht auch einmal eine »offiziöse« Formel geben, die kürzer ist und deren Verwendung in bestimmten (missionarischen) Situationen kirchenamtlich empfohlen wird? Papst Johannes XXIII. sagte zur Eröffnung des Konzils u.a.: »Eines ist die Substanz der tradierten Lehre, d.h. des depositum fidei, etwas anderes ist die Formulierung, in der sie dargelegt wird. Darauf ist ... großes Gewicht zu legen.«[156]

## Vorschlag für ein neuformuliertes Glaubensbekenntnis

Ich möchte hier einen Vorschlag zur Neuformulierung des Glaubensbekenntnisses vorlegen. Mein Leitgedanke ist es, den Text so eng wie möglich an die alte Vorgabe des Apostolicums anzubinden und gleichzeitig die dort ausgesagten Inhalte für die heutige Situation verständlich darzulegen.

## Apostolisches Glaubensbekenntnis

*Ich glaube an Gott*
*den Vater, den Allmächtigen,*
*den Schöpfer*
*des Himmels und der Erde*
*und an Jesus Christus,*
*seinen eingeborenen Sohn,*
*unsern Herrn,*
*empfangen durch den Heiligen Geist*
*geboren von der Jungfrau Maria,*

*gelitten unter Pontius Pilatus,*

*gekreuzigt, gestorben und begraben,*

*hinabgestiegen*
*in das Reich des Todes,*
*am dritten Tage auferstanden*
*von den Toten,*
*aufgefahren in den Himmel;*
*er sitzt zur Rechten Gottes,*
*des allmächtigen Vaters;*
*von dort wird er kommen*
*zu richten die Lebenden*
*und die Toten.*
*Ich glaube an den Heiligen Geist,*

*die heilige katholische Kirche,*

*Gemeinschaft der Heiligen,*
*Vergebung der Sünden,*
*Auferstehung der Toten*
*und das ewige Leben.*

*Amen*

## Vorschlag für ein neu formuliertes Glaubensbekenntnis

*Ich glaube an Gott.*
*Er ist wie Vater und Mutter.*
*Er ist Anfang von allem*
*und Freund des Lebens.*
*Ich glaube an Jesus, den Christus.*

*Er ist das Kind jüdischer Eltern,*
*ein Geschenk für die ganze Welt.*
*In Wort und Tat hat er Zeugnis gegeben*
*von der Liebe Gottes zu seinem Volk*
*und zu allen Menschen.*
*Pontius Pilatus hat ihn zum Tode verurteilt*
*und kreuzigen lassen.*

*Doch Gott hat ihn vom Tode erweckt.*
*Das bezeugen seine Freunde.*

*Ich glaube an Gottes lebenschaffenden Geist.*
*Ich bekenne mich zu der einen christlichen Kirche,*
*geeint in Wort und Sakrament.*

*Ich erwarte die Auferweckung der Toten*
*zu einer versöhnten Gemeinschaft aller in Gott.*

*Amen.*

Eine ausführliche biblische und theologische Grundlegung findet sich in den vorangegangenen Kapiteln. Im Folgenden kann es nur darum gehen, den Vorschlag selbst – die gewählten Formulierungen, die Auslassungen und Einfügungen – kurz zu begründen und zu erläutern.

**Ich glaube an Gott. Er ist wie Vater und Mutter.**
**Er ist Anfang von allem und Freund des Lebens.**

Das Adjektiv »allmächtig« sollte möglichst aus dem theologischen Sprachgebrauch verschwinden. Es ist biblisch nur schwach belegt (Jesus redet kein einziges Mal von einem »allmächtigen Gott«). Darüber hinaus ist es in vieler Hinsicht theologisch und noch mehr pastoral belastet (»Wie kann der Allmächtige das zulassen?«). Mit »Gott« verbinden sich für jeden Menschen ohnehin Vorstellungen von Macht und Größe. Ein christliches Glaubensbekenntnis sollte angesichts der Botschaft Jesu von einem gütigen und barmherzigen Vater hier eher gegensteuern und nicht allseits verbreitete Bilder noch konservieren oder gar verstärken.

Das Bild von Gott, dem *Vater*, ist gut biblisch begründet. Es sollte beibehalten werden mit einer Einschränkung und einer Erweiterung:

- Der Bild-Charakter sollte deutlich werden. Darum die Einfügung des Wörtchens »wie«. Das soll anzeigen: Gott ist Vater, aber *anders* als alle irdischen Väter.
- Gerade im Hinblick auf die biblische Rede von Gott bietet sich die Hereinnahme der Mutter-Metapher an (vgl. Hos 11,1-9 und einzelne Gleichnisse Jesu – z.B. Lk 15,8-10). Bekannt ist das Wort Papst Johannes Pauls I.: »Gott ist Vater, aber noch viel mehr Mutter.«
- Die Rede von Gott, dem *Schöpfer*, erscheint angesichts heutiger naturwissenschaftlicher Fragestellung zumindest problematisch. Der Gedanke der Evolution passt nur schwer dazu,

weil sich mit »Schöpfer« allzu leicht die Vorstellung von einer in 6 Tagen fertig geschaffenen Welt verbindet (vgl. Gen 1,1-2,4). Die Beibehaltung von »*Himmel und Erde*« könnte dazu verführen, Gott »nur« als Urgrund dieser unserer »Welt«, der Erde, zu begreifen, nicht aber als letzte und tiefste Ursache für den Kosmos überhaupt. Und »Himmel« weckt die Vorstellung des antiken Weltbildes von dem über die Erdscheibe gestülpten Firmament (vgl. Gen 1,8) oder von einem »Himmel« als spezifischen »Ort« Gottes («... droben überm Sternenzelt muss ein lieber Vater wohnen«).

Die statt dessen gewählte Formulierung »Er ist Anfang von allem und Freund des Lebens« ist biblisch gut begründbar: »Im Anfang schuf Gott Himmel und Erde« (Gen 1,1) und » ... am Anfang, beim Ursprung der Erde« (Spr 8,23; vgl. Weish 7,18; Sir 16,26), sowie »Herr, du Freund des Lebens« (Weish 11,26). Der Textvorschlag hält die von der Naturwissenschaft zu klärende Frage nach dem Wie der Entstehung des Universums offen.

**Ich glaube an Jesus, den Christus.**

Hier wird bewusst auf die biblische Form des Christusbekenntnisses zurückgegriffen, die in »Christus« nicht eine Art von (zweitem) Eigennamen, sondern einen Titel sieht: »Jesus (und kein anderer sonst) ist der Christus, der Messias, der Gesalbte« (vgl. Apg 17,3; 18,5.28). Es wird in Kauf genommen, dass der Hoheitstitel »Christus« häufig zu stark im Sinne einer Erhöhungschristologie (miss-)verstanden wird, die das wahre und wirkliche Menschsein Jesu und sein messianisches, d.h. heilschaffendes und -bringendes irdisches Wirken ignoriert. Denkbar wäre auch die Formel »... an den Christus Jesus«.

Weggelassen werden die beiden anderen im Credo verwendeten Hoheitstitel »Sohn« und »Herr«:

- »Sohn« wird zu leicht und zu häufig missverstanden im Sinne menschlicher Sohnschaft oder im Sinne einer Gottessohnschaft, die Jesus in der Weise des heutigen Personverständnisses als »zweite göttliche Person« – und damit als zweiten Gott – missdeutet.

- »Herr« ist im heutigen Sprachgebrauch eher belastet. Das Wort erinnert an patriarchale Herrschaftsstrukturen, an ein Verhältnis von Über- und Unterordnung (Herr und Knecht) und an ein sexistisch verstandenes und praktiziertes »Herr«-Sein.

**Er ist das Kind jüdischer Eltern, ein Geschenk für die ganze Welt.**

Dieser Satz wird vermutlich bei manchen auf Widerstand stoßen. Der dürfte sich vor allem gegen das Wörtchen »Eltern« richten, obwohl Jesus in den Evangelien als »Sohn Marias« und als »Sohn Josefs« erscheint und Maria und Josef (sogar vom Evangelisten Lukas, der von der »Jungfrauengebort« spricht!) als seine »Eltern« bezeichnet werden (Mk 6,3; Joh 6,42; Lk 2,27.41.43.48). Mit der Formulierung »Kind jüdischer Eltern« wird nicht nur ein physiologisches (Miss-)Verständnis von »Jungfrau« durch Auslassung dieses Wortes umgangen. Es wird vielmehr positiv und direkt ausgeschlossen.

Angesichts eines noch immer nicht ausgerotteten und sogar verbreitet wieder aufkeimenden Antijudaismus (auch unter Christen) könnte die ausdrückliche Erwähnung der jüdischen Herkunft Jesu bewusst machen, dass eine solche Einstellung sich implizit auch gegen die Person Jesu selbst richtet. Denn es wird heute von niemand mehr in Abrede gestellt, dass »Jesus Jude war und es immer geblieben ist«[157] und dass er »von seiner jüdischen Herkunft her ein reiches geistliches Erbe aus den religiösen Überlieferungen seines Volkes in die christliche Völkerwelt einbrachte«[158].

Was mit »Sohn Gottes« im biblischen Sinne gemeint ist, wird im Vorschlag für einen neuen Text mit »Geschenk« zum Ausdruck gebracht – etwa im Sinne von 1 Kor 2,12: »Wir haben den Geist empfangen, der aus Gott stammt, damit wir das erkennen, was uns von Gott geschenkt wurde.« Mit der Betonung, dass Jesus ein Geschenk für die ganze Welt ist, wird an seine universale Heilsbedeutung erinnert, freilich in einer Weise (*ein* Geschenk), die andere Heilsmittler (Buddha, Mohammed u.a.) nicht verdrängt. So wird behutsam angedeutet, dass die Annahme der Botschaft Jesu nicht zwingend und »absolut heilsnotwendig« ist.[159]

**In Wort und Tat hat er Zeugnis gegeben von der Liebe Gottes zu seinem Volk und zu allen Menschen.**

Weder im Apostolischen noch im Nizäno-konstantinopolitanischen Glaubensbekenntnis ist vom öffentlichen Wirken Jesu die Rede. An die Erwähnung seiner Geburt schließt sich unmittelbar die Erinnerung an sein Leiden und Sterben an. Damit entsteht der Anschein, als hätten seine Worte und Taten keine oder nur wenig heilsmittlerische Bedeutung, entscheidend und allein heilswirksam seien lediglich Menschwerdung, Leiden und Kreuzestod. Durch die Aufnahme des oben genannten Satzes ins Credo soll darauf aufmerksam gemacht werden, dass nicht nur Tod und Auferweckung, sondern auch seine Botschaft, seine Machttaten und sein ganzes Leben unlösbarer Bestandteil der göttlichen Heilszuwendung sind.

Mit »*Liebe Gottes zu seinem Volk*« wird nochmals daran erinnert, dass Jesus sich als Erneuerer Israels verstand und sich »zu den verlorenen Schafen des Hauses Israel« gesandt fühlte (vgl. Mt 10,6; 15,24; Lk 2,34; 24,21), insbesondere zu den Unterprivilegierten, Benachteiligten und »Unmündigen« (vgl. Mt 11,25; Lk 10,21). Vom Verkündigungsauftrag für alle Völker und für alle Menschen spricht erst der Auferweckte (Mt 28,19). Als »Volk Gottes« versteht sich aber auch die katholische Kirche. Sie sieht sich als die »unzerstörbare Keimzelle der Einheit, der Hoffnung und des Heils für das ganze Menschengeschlecht.«[160]

Der Zusatz »... *zu allen Menschen*« macht auf diese Sendung aufmerksam (vgl. auch Mt 5,13-16; 28,19).

**Pontius Pilatus hat ihn zum Tode verurteilt und kreuzigen lassen.**

Anstelle des »... gelitten unter Pontius Pilatus«, das die Frage der Schuld am Kreuzestod Jesu und die Rolle der jüdischen Seite offen lässt, wird hier klar und eindeutig gesagt, wer für den Kreuzestod Jesu allein verantwortlich ist – der römische Statthalter. Auf eine eigene Erwähnung des Todes und des Begräbnisses Jesu kann verzichtet werden, weil es sich dabei um selbstverständliche Konsequenzen der Kreuzigung handelt.

**Doch Gott hat ihn vom Tode erweckt. Das bezeugen seine Freunde.**

Mit der Wahl dieser Formulierung ist Folgendes intendiert:

- Zunächst soll die Auferweckung Jesu deutlich als Tat Gottes gekennzeichnet werden, wie das auch in den neutestamentlichen Schriften meist geschieht (vgl. 1 Thess 1,10; Röm 10,9; Apg 2,24.32; 3,15.26; 4,10; 5,30; 10,40; 13,30.33.34.37 u.a.).
- Durch die Auslassung der Formel »... *am dritten Tag*« soll der noch immer verbreiteten Vorstellung entgegengewirkt werden, als sei Jesus tatsächlich am chronologisch dritten Tag auferweckt worden.
- Die Erwähnung der »Freunde« als Zeugen der Auferweckung (vgl. 1 Kor 15,5-8) soll deutlich machen, dass es sich bei der Auferweckung Jesu um eine *Glaubenstatsache* handelt, nicht um ein auch für Außenstehende real wahrnehmbares und historisch aufweisbares Geschehen. Zu den »Freunden« sind auch Maria von Magdala, die Erstzeugin der Auferweckung (vgl. Mk 16,9; Joh 20,18), und die anderen Frauen (vgl. Mk 16,1) zu rechnen. Eine eigene Erwähnung dieser Frauen – etwa »... das bezeugen seine Freundinnen und Freunde« – erscheint aber aus sprachlichen Gründen unangebracht und wäre darüber hinaus ungewohnt.

**Auslassung von »... aufgefahren in den Himmel; er sitzt zur Rechten Gottes, des allmächtigen Vaters; von dort wird er kommen zu richten die Lebenden und die Toten.«**

Dieser Passus des Glaubensbekenntnisses ist (zu) stark von mythologischer Sprache und von einem längst überholten Weltbild geprägt (aufgefahren, Himmel, zur Rechten Gottes sitzen). Er wiederholt darüber hinaus nur das, was bereits mit der Formel ausgesagt ist »Gott hat ihn vom Tode erweckt«. Ferner wird hier wiederum das Attribut »allmächtig« für Gott verwendet. Um Fehldeutungen zu vermeiden, sollte auf diesen Satz verzichtet werden.

Das gilt auch für »... von dort wird er kommen zu richten die Lebenden und die Toten«. Hier wird die urkirchliche Erwartung einer baldigen Wiederkunft Christi zum Ausdruck gebracht, deren Ausbleiben schon in den urchristlichen Gemeinden für Irritationen sorgte (vgl. 1 Thess 5,1-11; 2 Thess 2,1-12).

**Ich glaube an Gottes lebenschaffenden Geist.**

Da die Formel »... an den Heiligen Geist« inhaltlich nicht gefüllt ist, erscheint es angebracht, sie anzureichern mit dem Hinweis, dass dieser Geist »lebenschaffend« ist. Das haben schon die Verfasser des Nizäno-kontantinopolitanischen Bekenntnisses so gehalten, indem sie das Apostolische Glaubensbekenntnis ergänzten: »... an den Geist, den herrscherlichen und lebendigmachenden«. Diese Eigenart der Wirksamkeit des Gottesgeistes findet sich wiederholt in der Schrift (Jdt 16,14; Ijob 33,4; Weish 2,3; Ez 37). Vor allem aber im Neuen Testament wird das lebenschaffende Wirken des Gottesgeistes hervorgehoben. »Der Geist ist es, der lebendig macht« (Joh 6,63; 2 Kor 3,6), »Wer im Vertrauen auf den Geist sät, wird vom Geist ewiges Leben ernten« (Gal 6,8).

**Ich bekenne mich zu der einen christlichen Kirche, geeint in Wort und Sakrament.**

Von der Formel »Ich glaube an (die Kirche)« sollte Abstand genommen und statt dessen »Ich bekenne mich zu ...« eingesetzt werden. Der Glaube an ... bedeutet eine enge und persönliche Bindung und trägt einen spezifischen Charakter, der vergleichbar ist der Liebe zu ... Dieser Glaube an (Gott, an Jesus und an den Gottesgeist) ist aber deutlich abzusetzen von jener Beziehung, die der einzelne Gläubige zur Kirche eingeht.

Statt *»heilig«* als Attribut der Kirche wird der Hinweis auf die Einheit eingeführt. Diese Einheit erwächst »nicht aus Werken« (dem ökumenischen Verständigungs- und Konsensbemühen in Glaubensfragen), sondern sie ist schon »Gabe Gottes« (vgl. Eph 2,8 f.). Sie muss nicht erst hergestellt werden, sie ist vielmehr als »Einheit des Geistes« in Christus immer schon vorgegeben. Es kann nur darum gehen, diese Einheit zu bewahren (Eph 4,3a).

Anstelle von *»katholisch«* ist der Bezeichnung »christlich« vor der wörtlichen Übersetzung »allgemein« der Vorzug zu geben. »Christlich« ist aussagekräftiger als das Allerweltswort »allgemein«.

*»... geeint in Wort und Sakrament«* ersetzt die Formel »... Gemeinschaft der Heiligen« und »Vergebung der Sünden«. Der lateinische Urtext des Glaubensbekenntnisses versteht »communio sanctorum« als Gemeinschaft

a. (masc.) heiliger Personen und
b. (neutr.) an heiligen Dingen, an Heilsgütern, insbesondere an der eucharistischen Mahlgemeinschaft.

Da unter »Vergebung der Sünden« in erster Linie die Taufe als grundlegendes Sakrament der Sündenvergebung gemeint ist, werden beide Aspekte durch »... *in Wort und Sakrament*« zusammengefasst.

Auf eine eigene Hervorhebung der Gemeinschaft der pilgernden (streitenden) Kirche mit der leidenden, deren Glieder nach dem Tod noch dem Läuterungsgericht unterstellt sind, und der vollendeten (triumphierenden) Kirche wurde verzichtet, weil sie im folgenden Absatz mit der »versöhnten Gemeinschaft aller in Gott« angesprochen ist.

**Ich erwarte die Auferweckung der Toten zu einer versöhnten Gemeinschaft aller in Gott.**

Mit »Ich erwarte« wird hier die Formel des Nizäno-konstantinopolitanischen Glaubensbekenntnisses aufgenommen, auch um deutlich zu machen, dass es sich hier weder um einen *Glauben an* ... noch um ein *Bekennen zu* ... handelt.

Die Verwendung von »*Auferweckung*« statt »Auferstehung« geschieht analog zum Osterbekenntnis. Sie erinnert nochmals daran, dass es sich hier um die Tat Gottes handelt. Er allein kann töten und lebendig machen (1 Sam 2,6).

Mit »... *zu einer versöhnten Gemeinschaft*« soll daran erinnert werden, dass nur die Barmherzigen Barmherzigkeit erlangen werden (Mt 5,7) und dass jedem Menschen seine Schuld nur in dem Maße vergeben werden wird, mit dem er selber Vergebung übt (Mt 6,12). Darin ist auch die Erfüllung der Sehnsucht nach Gerechtigkeit und Frieden eingeschlossen.

Mit »Gemeinschaft *aller*« soll zum Ausdruck kommen, dass Gott das Heil *aller* Menschen will (Joh 11,32; Apg 28,28; Röm 11,32) und dass in der heutigen Theologie die berechtigte Frage gestellt wird, ob es wirklich einen »Himmel« geben kann, wenn es daneben auch noch eine »Hölle« gibt. Der schon von Origenes (ca. 185-253) vorgetragene Gedanke einer »apokatástasis pánton«, einer Auferstehung aller, gewinnt heute unter Theologen aller christlichen Konfessionen wieder mehr und mehr Anhänger.

# Gesprächsbeitrag zu einem »Großen Glaubensweg«

Der hier vorgelegte Entwurf zu einer Neuformulierung des Apostolischen Glaubensbekenntnisses möchte verstanden werden als Gesprächsbeitrag zu jenem »großen Glaubensweg«, den Papst Johannes Paul II. im Hinblick auf das Jahr 2000 intendiert hat. Wer auf diesem Weg mitgehen will, muss sich mit dem Rüstzeug des überkommenden Glaubens in sprachliches und begriffliches Neuland wagen. In diesem Neuland werden die althergebrachten, ehrwürdigen Formeln, in die die Inhalte des Glaubens gekleidet sind, nicht verstanden werden. Darum ist nach einem zeitgemäßen Gewand dafür zu suchen, das nicht auf Kopfschütteln und Unverständnis stößt, sondern Interesse weckt und zur genaueren Prüfung des Gesagten einlädt.

Meinen Vorschlag für eine Neuformulierung des Glaubensbekenntnisses möchte ich am Ende dieses Buches wiederholen.

*Ich glaube an Gott.*
*Er ist wie Vater und Mutter.*
*Er ist Anfang von allem*
*und Freund des Lebens.*

*Ich glaube an Jesus, den Christus.*
*Er ist das Kind jüdischer Eltern,*
*ein Geschenk für die ganze Welt.*
*In Wort und Tat hat er Zeugnis gegeben*
*von der Liebe Gottes zu seinem Volk*
*und zu allen Menschen.*
*Pontius Pilatus hat ihn zum Tode verurteilt*
*und kreuzigen lassen.*
*Doch Gott hat ihn vom Tode erweckt.*
*Das bezeugen seine Freunde.*

*Ich glaube an Gottes lebenschaffenden Geist.*

*Ich bekenne mich zu der einen christlichen Kirche,*
*geeint in Wort und Sakrament.*
*Ich erwarte die Auferweckung der Toten*
*zu einer versöhnten Gemeinschaft aller in Gott.*

*Amen.*

# Anmerkungen

1 D. Sattler, Art. »Glaubensbekenntnis. III. Theologie- und dogmengeschichtlich«, in: Lexikon für Theologie und Kirche, Bd. 4, Freiburg/Basel/Rom/Wien [3]1995, 703.
2 E. Feifel, Art. »Glaubensbekenntnis. IV. Praktisch-theologisch«, in: Lexikon für Theologie und Kirche, Bd. 4, Freiburg/Basel/Rom/Wien, [3]1995, 707.
3 Zweites Vatik. Konzil, Konstitution über die heilige Liturgie »Sacrosanctum Concilium«, Art. 34.
4 J.H. Newman; zit. nach: A. Görres, Kennt die Psychologie den Menschen? Serie Piper 490, München/Zürich [2]1986, 138 (dort ohne Quellenangabe).
5 Vgl. G. Bodendorfer-Langer, Art. Glaube, III. Biblisch-theologisch, 2. Judentum, in: Lexikon für Theologie und Kirche, Bd. 4, Freiburg/Basel/Wien [3]1995, 669.
6 Vgl. Der Große Duden. Etymologie, Bd. 7, Mannheim 1963, 225.
7 Der Große Duden. Etymologie, Bd. 7, Mannheim 1963, 229.
8 Vgl. W. Burkert, Art. Gott, in: Hist. Wörterbuch der Philosophie, Bd. III, Darmstadt 1974, 721-725 (Antike).
9 M. Buber, Gott ist das beladenste aller Menschenworte, aus: Gottesfinsternis. Betrachtungen zur Beziehung zwischen Religion und Philosophie, Zürich 1953.
10 P.K. Kurz, GOTT in der modernen Literatur, München 1996, 52 f.
11 J. Werbick, Bilder sind Wege. Eine Gotteslehre, München 1992, 64.
12 E. Zenger, Der Gott der Bibel, Stuttgart 1979, 108.
13 E.A. Johnson, ICH BIN DIE ICH BIN. Wenn Frauen Gott sagen, Düsseldorf 1994, 64
Der amerikanische Originaltitel lautet: SHE WHO IS: The Mystery of God in Feminist Theological Discourse, 1992.
14 Ebd., 71.
15 Vgl. P.M. Zulehner/ H. Denz, Wie Europa lebt und glaubt. Europäische Wertestudie, Düsseldorf 1993, bes. 29 f.
16 M.N. Ebertz, Erosion der Gnadenanstalt? Zum Wandel der Sozialgestalt von Kirche, Frankfurt 1998, bes. 117-119

17 P.K. Kurz, GOTT in der modernen Literatur, München 1996, 46
18 L. Ott, Grundriss der katholischen Dogmatik, Freiburg 1952, VIII f.
19 P.K. Kurz, GOTT in der modernen Literatur, München 1996, 194 f.
20 M. Wander, Leben wär' eine prima Alternative, Neuwied 1978, 179.
21 Zitiert nach: Katechetische Blätter 1978, 626.
22 Die deutsche Einheitsübersetzung ist hier leider ungenau. Statt »gestillt« bringt sie »gehen lehrte«, was schon deshalb keinen Sinn bringt, weil auch die Einheitsübersetzung den anschließenden Versteil mit »ich nahm ihn auf meine Arme« wiedergibt. Wer lehrt schon ein Kind gehen, indem er es auf die Arme nimmt? Vgl. dazu: O. Keel, Jahwe in der Rolle einer Muttergottheit, in: Orientierung 8/1989, 89-92.
23 A. Mitscherlich, Auf dem Weg zur vaterlosen Gesellschaft. Ideen zur Sozialpsychologie, München 1963 u.ö.
24 Neuere exegetische Forschungen ergeben ein differenziertes Bild. Das Wort »allmächtig« (bzw. »der Allmächtige«) ist eine Übersetzung des griechischen »pantokrátor« (= Herrscher über das All). Dieses Wort hat eine doppelte Bedeutung. Einmal wird mit »pantokrátor« die Gottesvorstellung des »(jahwe) sebaôt« im hebräischen Text des Alten Testament wiedergegeben: Jahwe als Kriegsherr (vgl. Ex 15,3; 1 Sam 17,47) und als Herr der (himmlischen und irdischen) Heerscharen (vgl. Ri 5,20). Zum anderen erinnert »pantokrátor« aber auch an den Schöpfer-Gott, der über sein Werk göttliche Macht ausübt, indem er wie ein guter und verantwortungsvoller Herrscher Sorge trägt und es im Dasein erhält. Mit »pantokrátor« wird in der Septuaginta, der griechischen Übersetzung der hebräischen Bibel, außerdem noch die Gottesbezeichnung »El Schaddáj« wiedergegeben (vgl.v.a. Ijob 10,3.17; 13,27; 19,11; 30,21-23). »Schaddáj« geht vermutlich auf eine akkadische Wortwurzel »schadú« zurück, die »Berg« bedeutet und, auf Gott angewendet, so viel wie »Erhabener, Hoher Herr« bedeuten könnte. Es wäre also sinnvoller, vom »hohen« oder »erhabenen« Gott zu reden, als vom »allmächtigen«. Im Neuen Testament ist vom »pantokrátor« in der Offenbarung des Johannes die Rede.- Jesus hat nirgends von einem »allmächtigen« Gott gesprochen oder sich auf die »Allmacht« Gottes berufen. Die Worte bei seiner Gefangennahme: »Glaubst du nicht, mein Vater würde mir sogleich mehr als zwölf Legionen Engel schicken, wenn ich ihn darum bitte?« (Mt 26,53) werden nur von Matthäus überliefert und sind nicht als historisch anzusehen (das zeigen die Zahlensymbo-

lik, die Anspielung auf die zwölf Apostel und die Erwähnung der römischen »Legion«).

25 F.E. Freiherr von Gagern, Gottesvorstellungen, in: Anzeiger für die Seelsorge 5/1996, 249-251; hier: 249 (kursiv vom Autor).

26 Vgl. N. Scholl, Was mir zu denken, zu zweifeln und zu hoffen gibt. Glaubenserfahrungen, Regensburg 1996, 32 f.

27 J. Gaillot, Die Schöpfung, in: PARTENIA. Der elektronische Katechismus. Oktober 1998 (http://www.partenia.org/ger/c_9810d.htm).

28 Pseudo-Dionysius Areopagita (um 500), De coelesti hierarchia; Ausg.: Patristische Texte und Studien 36 (G. Heil), Berlin 1991.

29 Katechismus der Katholischen Kirche, München u.a. 1993 u.ö., Nr. 327.328. Auffällig ist allerdings, dass der Katechismus den unmittelbar anschließenden Satz nicht zitiert: »Der Teufel und die anderen Dämonen sind ihrer Natur nach von Gott gut geschaffen; sie sind durch sich selbst böse geworden.«

30 Der »Katechismus der Katholischen Kirche« beruft sich auf einen Text des Vierten Laterankonzils (1215): Gott »schuf ... vom Anfang der Zeit an aus nichts zugleich beide Schöpfungen, die geistige und die körperliche, nämlich die der Engel und die der Welt: und danach die menschliche, die gewissermaßen zugleich aus Geist und Körper besteht« (DH 800). Um die Aussage des Konzils richtig zu verstehen, muss der sozio-kulturelle Kontext berücksichtigt werden. Der zitierte Satz steht in einem Text, der sich gegen die Irrlehre der Albigenser und Katharer wendet. Dem Konzil ging es vor allem darum, eine Antwort auf den sich mehr und mehr ausbreitenden Manichäismus zu geben, der einen radikalen Dualismus lehrte: Welt und Mensch sind schlecht, da sie eine Mischung entgegengesetzter Prinzipien darstellen – Geist und Materie, Gut und Böse, Licht und Finsternis. Das Heil kann nur von einer Scheidung beider »Naturen« kommen. Demgegenüber betont das Konzil, dass alles von Gott geschaffen ist. Und es illustriert diesen Glaubenssatz mit dem Hinweis auf das, was damals nach allgemeiner Vorstellung zu den lebenden Wesen gehört: rein materielle Wesen (Pflanzen, Tiere), »gemischte«, materiell-geistige Wesen (Menschen) und »reine Geister« (Engel und Teufel). Das Konzil hatte keineswegs die Absicht, die Existenz dieser Wesen als Glaubenssatz zu definieren. Es musste aber seine Aussagen in den sozio-kulturellen Kontext jener Zeit einbinden.

31 Vgl. C. Wessely, Der Teufel steckt im Detail, in: Theologisch-praktische Quartalschrift 1/1997, 26-33.

32 Eusebius, Historia ecclesiae II,1,2; III,19; IV,22,4; vgl. L. Oberlinner, Art. »Brüder und Schwestern Jesu«, in: Lexikon für Theologie und Kirche, Bd. 2, Freiburg/Rom/Basel/Wien [3]1994, Sp. 713 f.

33 Vgl. dazu: B. Schwank, Die neuen Ausgrabungen in Sepphoris, in: Bibel und Kirche 2/1987, 75-79.

34 Herodes Agrippa I. in einem Brief an seinen kaiserlichen Freund Caligula (Philon, Legatio 38,302); zit. nach: E. Stauffer, Jerusalem und Rom. Dalp-Tb 331, Bern/München 1957, 17.

35 B. van Jersel, »Sohn Gottes« im Neuen Testament, in: Concilium 3/1982, 182-193; hier: 189.

36 Ebd., 190.

37 Ebd., 191.

38 Der griechische Urtext bringt auffälligerweise hier vor »theós« (Gott) keinen Artikel (»der«), obwohl das an den Stellen, die von »Gott«-»Vater« sprechen, immer geschieht: vgl.: Joh 3,16. 33; 4,24 u.ö.

39 B. van Jersel, »Sohn Gottes« im Neuen Testament, in: Concilium 3/1982, 182-193; hier: 192.

40 Ebd., 192 f.

41 P. Hoffmann, Zur Problematik der christologischen Karriere des Jesus von Nazareth, in: ders., Studien zur Frühgeschichte der Jesusbewegung. SBA 17, Stuttgart 1994, S. 257-272.

42 Vgl. zum Folgenden: F.J. Schierse, Christologie, Düsseldorf 1979, 126 f.

43 D. Zeller, Christus unter den Göttern. Zum antiken Umfeld des Christusglaubens, Stuttgart 1993, 26-29; Zitat 28.

44 »Nimm deinen heiligen Geist nicht von mir« (Ps 51,13); es handelt sich hier um ein nachexilisches Buß- und Bittlied. »Sie lehnten sich gegen ihn auf und betrübten seinen heiligen Geist. Da wandelte er sich und wurde ihr Feind, ja er führte Krieg gegen sie. Nun dachten sie an die Tage der Vorzeit, die Zeit seines Knechtes Mose: Wo ist der, der den Hirten seiner Schafe aus dem Meer herausgeführt hat? Wo ist der, der seinen heiligen Geist auf ihn gelegt hat?« (Jes 63,10 f.); der Text entstammt einer (ebenfalls nachexilischen) Bußliturgie (63,7-65,25). In der griechischen Übersetzung des AT (der Septuaginta), in den griechischen Büchern und in den Apokryphen kommt »heiliger Geist« häufiger vor. Wahrscheinlich ersetzt diese Bezeichnung die anderen Zusammensetzungen (Geist des Herrn u. Ä.), weil die Juden es immer mehr vermieden, die heiligen Namen (Jahwe, Elohim) auszusprechen.

45 »Solche Erzählungen handeln von der biologischen Zeugung bestimmter Gottkönige (ägypt. Pharaonen), von fingierten Gestalten oder von geschichtlichen Personen, die von Göttern mit Menschenfrauen gezeugt werden (vgl. Platon Krat 16d; Plut. vit. par., Alex. 2: Alexander d. Gr. von Jupiter Amun), oder stellen Allegorien dar auf die mit der Geburt eines göttlichen Retterkindes erwartete Goldene Friedenszeit (Vergil ecl. 4: ›Schon kehrt die Jungfrau zurück ... das Reich des Saturn, schon steigt ein neuer Spross hernieder vom Himmel ...‹). Beeinflusst sind die politischen Gründungsmythen von der altägyptischen Königs-Ideologie, wo der König als »Sohn der Götter« gilt, weil ein ›göttlicher Geist sich einer Frau nähert und ein paar Keime des Werdens in sie hineinlegt‹ (Plutarch, vit. par., Numa 4). Im Text ›Segnungen des Gottes Ptach für Ramses II.‹ heißt es: ›Ich (=Ptach) bin dein Vater, ich erzeugte dich, sodass dein ganzer Körper göttlicher Natur ist. Denn ich verwandelte meine Gestalt in die des Bockes von Mendes und wohnte deiner Mutter bei‹« (G.L. Müller, Art. »Jungfrauengeburt, I. Religionsgeschichtlich«, in: Lexikon für Theologie und Kirche, Bd. 5, Freiburg/Basel/Rom/Wien [3]1996, 1091).

46 W. Stegemann, Die Passionsgeschichten der Evangelien, in: Der evangelische Erzieher 1991, 130-147; hier: 143.

47 Möglicherweise durch einen »traumatischen Schock« (R. Schmittlein, Umstände und Ursache von Jesu Tod, Mainz 1961). Vgl. dazu und zum Folgenden: P. Hoffmann, »Gekreuzigt unter Pontius Pilatus«. Jesu Hinrichtung in der Deutung der Evangelienüberlieferung, in: Orientierung 6/1993, 65-70.

48 P. Hoffmann, »Gekreuzigt unter Pontius Pilatus«. Jesu Hinrichtung in der Deutung der Evangelienüberlieferung, in: Orientierung 6/1993, 66 f.

49 G. Fuchs, »Die Bilder mit Bildern austreiben«, in: Katechetische Blätter 4/1999, 226-230; hier: 227.

50 K. Lehmann, Auferweckt am dritten Tag nach der Schrift. Früheste Christologie, Bekenntnisbildung und Schriftauslegung im Lichte von 1 Kor 15,3-5. Quaestiones disp. 38, Freiburg/Basel/Wien [2]1969, 176 f.

51 Ebd., 168 (Hervorhebung von K.L.).

52 Ebd., 176 f. (Hervorhebungen von K.L.).

53 Vgl. dazu und zum Folgenden: B.v. Jersel, Auferstehung Jesu. Information oder Interpretation?, in: Concilium 12/1970, 696-702.

54 P. Hoffmann, Art. »Auferweckung Jesu«, in: Neues Bibel-Lexikon (hg. v.M. Görg u. B. Lang), Bd. 1, Zürich 1991, 206.

55 Vgl. B. Grom, Visionen und Auditionen, in: zur debatte. Themen der Katholischen Akademie in Bayern 7/8, 1997, 9 f.

56 J. Lindblom, Gesichte und Offenbarungen. Vorstellungen von göttlichen Weisungen und übernatürlichen Erscheinungen im ältesten Christentum. Acta Reg. Societatis Humaniorum Litterarum Lundensis LXV, Lund 1968, 113, zit. nach: A. Vögtle/R. Pesch, Wie kam es zum Osterglauben?, Düsseldorf 1975, 145. Vgl. auch B. Grom, Visionen und Auditionen, in: zur debatte. Themen der Katholischen Akademie in Bayern 7/8, 1997,9 f.

57 Vgl. R.S. Lazarus/ S. Folkman, Stress, appraisal and coping, New York 1984; S. Filipp (Hg.), Kritische Lebensereignisse, München 1981.

58 M. Reichardt, Psychologische Erklärung der Ostererscheinungen?, in: Bibel und Kirche 1/1997, 28-33; hier: 30.

59 Ebd., 33.

60 Y. Spiegel, Der Prozess des Trauerns, München $^{3}$1977, 170 f.

61 Vgl. Zweites Vatik. Konzil, Dogmatische Konstitution über die Göttliche Offenbarung »Dei Verbum«, Nr. 12: »Da Gott in der Heiligen Schrift durch Menschen nach Menschenart gesprochen hat, muss der Schrifterklärer, um zu erfassen, was Gott uns mitteilen wollte, sorgfältig erforschen, was die heiligen Schriftsteller wirklich zu sagen beabsichtigten und was Gott mit ihren Worten kundtun wollte.«

62 Ich benutze hier: K. Herbst, Der wirkliche Jesus. Das total andere Gottesbild, Olten/Freiburg 1988, 227-254. Vgl. K. Herbst, Kriminalfall Golgotha, Stuttgart 1992; Christus in Asien? Themenheft Concilium 2/1993.

63 B. v. Jersel, Auferstehung Jesu. Information oder Interpretation?, in: Concilium 12/1970, 699. Noch heute kündet ein silberner Stern in der Geburtsgrotte zu Betlehem: »Hic Jesus natus est« (Hier ist Jesus geboren worden).

64 J. Jeremias, Heiligengräber in Jesu Umwelt, Göttingen 1958.

65 B. v. Jersel, Auferstehung Jesu. Information oder Interpretation?, in: Concilium 12/1970, 700.

66 G. Lüdemann, Die Auferstehung Jesu. Historie, Erfahrung, Theologie, Göttingen 1993.

67 B. v. Jersel, Auferstehung Jesu. Information oder Interpretation?, in: Concilium 12/1970, 701.

68 Im (kanonischen) Markusschluss findet die Himmelfahrt nur kurz Erwähnung: Mk 16,19; vermutlich abhängig von Lk und Apg.

69 J.M. Nützel, Art. »Himmelfahrt Christi. I. Neues Testament«, in:

Lexikon für Theologie und Kirche, Bd. 5, Freiburg/Basel/Rom/ Wien [3]1996, 122.

70 Zum Ganzen: H.J. Klauck (Hg.), Weltgericht und Weltvollendung, Freiburg 1994.

71 Von Papst Benedikt XII. in der Bulle »Benedictus Deus« vom 29.1.1336; DH 1000 ff.

72 Vgl. G. Greshake /G. Lohfink, Naherwartung – Auferstehung – Unsterblichkeit, Freiburg [5]1986.

73 M. Kehl, Art. »Gericht Gottes, IV. Systematisch-theologisch«, in: Lexikon für Theologie und Kirche, Bd. 4, Freiburg/Basel/Rom/ Wien [3]1995, 519.

74 Die Taube als Symbol des Geistes ist im Alten Testament nicht bekannt, wohl aber als Metapher für Schönheit, Reinheit und Liebe, als Bild für die Liebenden selbst: »Schön bist du, meine Freundin, ja, du bist schön. Hinter dem Schleier deine Augen wie Tauben ... Einzig ist meine Taube, die Makellose, die Einzige ihrer Mutter, die Erwählte ihrer Gebärerin« (Hld 4,1; 6,9). Im vorderorientalischen Raum galt die Taube als Lieblingsvogel und als Bote der jeweiligen Mutter-, Fruchtbarkeits- und Liebesgöttin: der syrisch-babylonischen Istar (griech.: peristerá= Vogel der Istar?), der assyrischen Mylitta und der semitischen Astarte. Offenbar lassen die Evangelisten in die Erzählung von der Taufe Jesu das Symbol der Taube einfließen, um damit jenes Liebesverhältnis anzudeuten, das zwischen Jesus und dem Vater bestand: »Hier kündet ... der Geist als Taube wie die Tauben der Liebesgöttin von der Liebe Gottes zu diesem Menschen Jesus. Die Worte, die da aus den Himmeln an Jesus gerichtet werden, sagen dasselbe: Sie sind eine Botschaft, und diese Botschaft handelt von der Liebe Gottes« (S. Schroer). Möglicherweise klingt auch noch das von der Noach-Geschichte her bekannte Bild von einer Taube mit dem Ölzweig im Schnabel an, die davon Kunde gibt, dass die Erde wieder bewohnbar (Gen 8,8.11.12) und dass der Fluch von ihr genommen ist (Gen 8,22). So kann Jesus sein öffentliches Wirken in Galiläa beginnen, »erfüllt von der Kraft des Geistes« (Lk 4,14).

75 F.J. Schierse, Die neutestamentliche Trinitätsoffenbarung, in: Mysterium Salutis, hg. v. J. Feiner u. M. Löhrer, Bd. II, Einsiedeln/Zürich/Köln 1967, 85-131; hier: 126.

76 PG 42,408B.

77 DH 150.

78 Vgl. N. Brox, Wer ist Jesus? – Oder: Die ersten Konzilien, in: Orientierung 1990, 53.

79 DH 125.

80 Basilius von Caesarea in Kappadokien (329-379) beklagt, dass »viele in den geheimnisvollen Lehren eine Unterscheidung zwischen Wesenheit (ousia), die etwas Allgemeines ist, und dem Begriff Person (hypostasis) nicht kennen und die beiden Begriffe beliebig verbinden im Glauben, es sei belanglos, ob man Wesenheit oder Person sage« (ep. 38); zit. nach: Bibliothek der Kirchenväter, Bd. 46, Kempten 1911 ff., 6.9

81 DH 421.

82 W. Kasper, Jesus der Christus, Mainz 1974, 209.

83 Vgl. J. Gewiess, Art. »Bischof, I. Biblisch«, in: Lexikon für Theologie und Kirche, Bd. 2, Freiburg [2]1958, Sp. 491.

84 Vgl. zu diesem Abschnitt: M. Theobald, Das Amt in der Kirche, in: Christ in der Gegenwart 28/1999, 231 und 29/1999, 239.

85 Vgl. K. Groß, Menschenhand und Gotteshand in Antike und Christentum, Stuttgart 1985.

86 Vgl. H. Vorgrimler, Sakramententheologie (Leitfaden Theologie 17), Düsseldorf 1987, 273.

87 Vgl. A. Vögtle, Exegetische Reflexionen zur Apostolizität des Amtes und zur Amtssukzession, in: ders., Offenbarungsgeschehen und Wirkungsgeschichte, Freiburg 1985, 267.

88 A. Vögtle, Messsiasbekenntnis und Petrusverheißung. Zur Komposition Mt 16,13-23 par., in: ders., Das Evangelium und die Evangelien, Düsseldorf 1971, S.137-170; hier: 169 (Erstveröffentlichung in: BZ NF 1 [1957], 252-272; 2 [1958], 85-103).

89 Vgl. ebd., 167.

90 J. Blank, Petrus im Neuen Testament, in: zur debatte. Themen der Katholischen Akademie in Bayern 7/8 (1984), 10. Übertragbar ist lediglich die Vollmacht der Gemeinde, zu »binden und zu lösen« (vgl. Mt 18,18 und 16,19).

91 G. Denzler, Das Papsttum. Geschichte und Gegenwart (Beck'sche Reihe 2065), München 1997, 17.

92 W. de Vries, Die Entwicklung des Primats in den ersten drei Jahrhunderten, in: Arbeitskreis d. dt. ökum. Institute (Hg.), Papsttum als ökumenische Frage, München/Mainz 1979, 114-133; hier: 132

93 J. Blank, Petrus im Neuen Testament, in: zur debatte. Themen der Katholischen Akademie in Bayern, 7/8 (1984), 11.

94 Vgl. Erstes Vatik. Konzil, Sessio IV: Constitutio dogmatica I de Ecclesia Christi, D1821-1840; insbes. 1839; Zweites Vatik. Konzil, Dogmatische Konstitution über die Kirche »Lumen Gentium«, Nr. 25.

95 Hans Küng, Unfehlbar? Eine Anfrage, Zürich/Einsiedeln/Köln 1970. Neuerdings: ders., Grundsätzliche Überlegungen zur römischen Herrschafts- und Unfehlbarkeitsideologie, in: imprimatur 8/1998, 336-339.

96 Vgl. v.a. Zweites Vatik. Konzil, Dogmatische Konstitution über die Kirche »Lumen Gentium«, Nr. 22, und die »Bekanntmachungen«, die dem Text der Konstitution auf Verlangen Papst Pauls VI. angefügt wurden. Gerade die Tatsache dieser Hinzufügung, an den Konzilsvätern vorbei, gibt »einen Hinweis auf die Intention der Konzilsväter: Sie gibt an, was sie nicht wollten« (H. Rikhof, Das Zweite Vatikanum und die bischöfliche Kollegialität, in: Concilium 1990, 265-275; hier: 274).

97 Zweites Vatik. Konzil, Dogmatische Konstitution über die Kirche »Lumen Gentium«, Art. 23.

98 Zweites Vatik. Konzil, Dogmatische Konstitution über die Kirche »Lumen Gentium«, Art. 25. Allerdings wurde versäumt, klar zu bestimmen, wer darüber zu entscheiden hat und auf welche Weise festzustellen ist, wann und ob überhaupt »eine bestimmte Lehre« von der Gesamtheit der Bischöfe »übereinstimmend als endgültig verpflichtend vorgetragen« wird. Welche Bedingungen müssen erfüllt sein – von der Heiligen Schrift selbst, von der Tradition, vom Glaubenssinn der Gesamtheit der Gläubigen, von der Form der Verkündigung, vom Umfang der Übereinstimmung? Die Versäumnisse beider Konzilien in der Klarstellung der Bedingungen hatten und haben Folgen. Nach glaubwürdigen Berichten aus der Umgebung des Papstes lag schon wiederholt die Versuchung nahe, verbindlich vorgetragene lehramtliche Äußerungen für »unfehlbar« zu erklären – so das Verbot der Empfängnisverhütung mit so genannten künstlichen Methoden in »Humanae Vitae« durch Papst Paul VI. oder bestimmte Ansichten Papst Johannes Pauls II. in seinen Enzykliken »Glanz der Wahrheit« und »Evangelium des Lebens«. Hier ist dringend Klärungsbedarf gegeben.

99 Vgl. zum Folgenden: U. Kühn, Art. »Kirche, IV. Im evangelischen Verständnis«, in: Lexikon für Theologie und Kirche, Bd. 5, Freiburg/Basel/Rom/Wien [3]1996, Sp. 1474-1476 (dort auch weitere Literatur).

100 Zweites Vatik. Konzil, Dogmatische Konstitution über die Kirche »Lumen gentium«, Art. 25-27.

101 »Das Papsttum ist als positive Möglichkeit, als Dienst an der Einheit der Kirche anzuerkennen, wenn oder sofern es dem Evangelium dient, wenn es im Lichte des Evangelium erneuert ist und

wenn diese Ausübung von Macht nicht die christliche Freiheit untergräbt« (H. Meyer, Ein evangeliumsgemäßes Papstamt, in: zur debatte. Themen der Katholischen Akademie in Bayern 7/8, 1984, 12).

102 Zweites Vatik. Konzil, Dogmatische Konstitution über die Kirche »Lumen gentium«, Art. 43.

103 Zweites Vatik. Konzil, Dekret über den Ökumenismus »Unitatis redintegratio«, Art. 1.

104 Ebd., Art. 8.

105 Ebd., Art. 11.

106 K. Kertelge, Schlussfolgerungen, in: F.Hahn/K.Kertelge/R. Schnackenburg, Einheit der Kirche. Grundlegung im Neuen Testament. QD 84, Freiburg 1979, 128 f.

107 Vgl. W. Bartz, Orientierung über die Gültigkeit der in Freikirchen und christlichen Sondergemeinden gespendeten Taufe, Trier 1971.

108 Direktorium zur Ausführung der Prinzipien und Normen über den Ökumenismus vom 25.3.1993, Nr. 132 ; zit. nach: Herder-Korrespondenz 7/1993, 334.

109 Ebd. Nr. 131 bzw. S. 334; vgl.: CIC (1983), can. 844, §4.

110 Gemeinsame Synode der Bistümer in der Bundesrepublik Deutschland, Beschluss »Gottesdienst«, Art. 5.4 (1974).

111 Pastoraltheologische Handreichungen zur Frage einer Teilnahme evangelisch-lutherischer und römisch-katholischer Christen an Eucharistie- bzw. Abendmahlsfeiern der anderen Konfession, 1975.

112 Zweites Vatik. Konzil, Dekret über den Ökumenismus »Unitatis redintegratio«, Art. 2; Hervorhebung von mir.

113 Zweites Vatik. Konzil, Konstitution über die heilige Liturgie »Sacrosanctum Concilium«, Art. 1; Hervorhebung von mir.

114 E. Schillebeeckx, Das kirchliche Amt, Düsseldorf 1981, 37.

115 Unter dem Sammelbegriff »Ordo« wurden im Römischen Imperium bestimmte gesellschaftliche Klassen oder Stände zusammengefasst (Senatoren, Ritter); vgl.: Th. Klauser, Der Ursprung der bischöflichen Insignien und Ehrenrechte, Krefeld [2]1953; zit. nach: E. Schillebeeckx, Das kirchliche Amt, Düsseldorf 1981, 70.

116 Vgl. Zweites Vatik. Konzil, Dogmatische Konstitution über die Kirche »Lumen gentium«, Art. 10. Das Konzil lässt offen, was es unter »Wesen« meint (das Charakteristikum? das unverwechselbar Unterscheidende?); es konstruiert jedenfalls nicht eine eigene ontologische Kategorie. Die Kirche ist zuerst und vor allem eine

Gemeinschaft von Gleichen. Erst darnach spricht das Konzil von der hierarchischen Verfassung der Kirche (Art. 18-29), von den Laien und von der »allgemeinen Berufung zur Heiligkeit in der Kirche« (Art. 30-38.39-42) und schließlich von den Ordensleuten (Art. 43-47).

117 Zweites Vatik. Konzil, Dogmatische Konstitution über die Kirche »Lumen gentium«, Art. 35; Dekret über das Laienapostolat »Apostolicam actuositatem«, Art. 24.

118 Johannes Paul II., Nachsynodales Apostolisches Schreiben CHRISTIFIDELES LAICI vom 30.12.1988; zit. nach: Amtsblatt der Erzdiözese Freiburg 17 (30.5.1989); Hervorhebung von mir. Ein bezeichnendes Beispiel dafür liefert die »Instruktion zu einigen Fragen über die Mitarbeit der Laien am Dienst der Priester«, die die Ansicht vertritt: »Nur das Weihesakrament gewährt dem geweihten Amtsträger eine besondere Teilhabe am Amt Christi, des Hauptes und Hirten, und an seinem ewigen Priestertum. Die in Vertretung erfüllte Aufgabe (die Tätigkeit der »Laien« in der Kirche, N.S.) leitet ihre Legitimation formell und unmittelbar von der offiziellen Beauftragung durch die Hirten ab.« Der Text steht damit in deutlicher Spannung zu den Ausführungen des Konzils (Instruktion zu einigen Fragen über die Mitarbeit der Laien am Dienst der Priester [Verlautbarungen des Apostolischen Stuhls, Nr. 129, 15.8.1997; hg. vom Sekretariat der Deutschen Bischofskonferenz, Bonn], 13. Die Instruktion zitiert hier Johannes Paul II., Apostolisches Schreiben CHRISTIFIDELES LAICI, Art. 23; AAS 81 [1989], 430. Zur Instruktion vgl. W. Beinert, Einige Fragen zum Kirchenbild einer römischen Instruktion, in: Anzeiger für die Seelsorge 2/1998, 67-72.

119 B. Forte, Laie sein. Beiträge zu einem ganzheitlichen Kirchenverständnis, München 1987, 112 f.

120 Zweites Vatik. Konzil, Dekret über den Ökumenismus »Unitatis redintegratio«, Art. 1.

121 H. Fries/K. Rahner, Einigung der Kirchen – reale Möglichkeit. QD 100, Freiburg 1983.

122 Vgl. H.J. Limburg, Art. »Heilige, IV. Typologie«, in: Lexikon für Theologie und Kirche, Bd. 4, Freiburg/Rom/Basel/Wien [3]1995, 1275 f.

123 So wird es in der griechisch-orthodoxen Kirche bis heute gehandhabt. Die Kirche kennt lediglich eine Kult-Anerkennung durch Synodenbeschluss.

124 Vgl. W. Schulz, Art. »Heiligsprechung«, in: Lexikon für Theolo-

gie und Kirche, Bd. 4, Freiburg/Rom/Basel/Wien [3]1995, 1328-1331.

125 Vgl. K. Nientiedt, Heilige als Hoffnungsgestalten, in: Herder-Korrespondenz 11/1983, 489-491.

126 Dazu: B. Fresacher, »Anderl von Rinn«. Ritualmordkult und Neuorientierung in Judenstein 1945-1995, Innsbruck 1998.

127 U. Neumann, Heilige – Vorbilder für ein heiles Leben? Anfragen aus der Sicht einer Psychotherapeutin. Unveröffentl. Manuskript einer Sendung im 2. Programm des Südwestfunks Baden-Baden vom 18.6.1989, 15.

128 M. Kehl, Eschatologie, Würzburg 1986, 240.

129 25. Sitzung vom 3./4.12.1563: »Da die katholische Kirche, vom Heiligen Geist belehrt, aufgrund der heiligen Schriften und der alten Überlieferung der Väter auf den heiligen Konzilien und zuletzt auf diesem ökumenischen Konzil gelehrt hat, es gebe einen Reinigungsort, und den dort festgehaltenen Seelen werde durch die Fürbitten der Gläubigen, vor allem aber durch das wohlgefällige Opfer des Altares geholfen: so gebietet das heilige Konzil den Bischöfen, sorgsam darum bemüht zu sein, dass die von den heiligen Vätern und den heiligen Konzilien überlieferte gesunde Lehre vom Reinigungsort von den Christgläubigen geglaubt, festgehalten, gelehrt und überall verkündet werde ... Von den volkstümlichen Predigten vor dem ungebildeten Volk aber sollen die eher schwierigen und spitzfindigen Fragen, die zur Erbauung nichts beitragen und aus denen meist kein Zuwachs an Frömmigkeit entsteht, ausgeschlossen werden. Desgleichen sollen sie nicht zulassen, dass Unsicheres bzw. was am Schein der Falschheit krankt, unters Volk gebracht und behandelt wird. Das aber, was zu einer gewissen Neugierde oder zum Aberglauben gehört oder nach schändlichem Gewinn schmeckt, sollen sie als Ärgernis und Anstoß für die Gläubigen verbieten« (DH 1820).

130 P.L. Berger, Auf den Spuren der Engel. Die moderne Gesellschaft und die Wiederentdeckung der Transzendenz, Frankfurt 1970, 98.

131 O. Fuchs, Gerechtigkeit im Gericht – Ein Versuch, in: Anzeiger für die Seelsorge 11/1995, 554-561; hier: 556.

132 Ebd., 558.

133 J. Ratzinger, Artikel »Hölle«, in: Lexikon für Theologie und Kirche, Band 5, Freiburg [2]1960, Sp. 448.

134 Vatikan/lutherischer Weltbund, »Gemeinsame Erklärung zur Rechtfertigungslehre« 1999.

135 Augustinus, Tractatus in Joann. 124,7; CCL 36, 256,17.

136 B. Häring, Die Heilkraft der Liturgie, in: Theologie der Gegenwart 4/1993, 301-310; hier: 309.

137 J. Rudin, Vom psychisch zum moralisch Bösen, in: Orientierung 13/14 (1973), 156 f.

138 Vgl. G. Fuchs, »Die Bilder mit Bildern austreiben«, in: Katechetische Blätter 4/1999, 226-230; hier: 227.

139 Katechismus der katholischen Kirche, München u.a. 1993 u.ö., Nr. 390.

140 So behauptet Papst Innozenz I. (gest. 417), es sei »ganz töricht« zu sagen, »dass die kleinen Kinder auch ohne die Gnade der Taufe mit dem Lohn des ewigen Lebens beschenkt werden könnten« (DH 219). Das Neue Testament spricht weder direkt noch indirekt von einer Kleinkindtaufe. Die Kinder waren »heilig« durch den Glauben ihrer Mutter oder ihres Vaters (1 Kor 7,14). Erst am Anfang des dritten Jahrhunderts ist die Säuglingstaufe mehrfach bezeugt. Im fünften Jahrhundert ist sie schließlich allgemein eingeführt. Papst Gregor der Große (gest. 604) ordnet sogar für die römische Kirche an, dass beim geringsten Verdacht auf Todesgefahr die Neugeborenen sofort zu taufen seien, damit sie des ewigen Heils nicht verlustig gehen müssen (vgl. B. Snela, Kindertaufe – ja oder nein? München 1987, 56 f.).

141 Vgl. Zweites Vatik. Konzil, Dogmatische Konstitution über die Kirche »Lumen gentium«, Art. 16.

142 W. Kasper, Glaube und Taufe, in: ders. (Hg.), Christsein ohne Entscheidung oder Soll die Kirche Kinder taufen?, Mainz 1970, 129-159; hier: 157.

143 F. Kamphaus, Entschieden leben. Hirtenwort zur österlichen Bußzeit 1991, Limburg 1991.

144 Vgl. M. Knapp, »Wahr ist nur, was nicht in diese Welt paßt«. Die Erbsündentheologie als Ansatzpunkt eines Dialogs mit Theodor W. Adorno, Würzburg 1983; P. Rottländer, Befreiung – Überforderung des Menschen?, in: Orientierung 23/24 (1987), 255-259.

145 Vgl. K. Müller, Das Weltbild der jüdischen Apokalyptik und die Rede von Jesu Auferstehung, in: Bibel und Kirche 1/1977, 8-18; hier: 18.

146 Vgl. DH 1; 2; 5; 10-25 passim. Lediglich einige »östliche« Bekenntnisse sprechen von einer »Auferstehung der Toten« (vgl. DH 42; 44; 46; 48).

147 B. Brecht, Hauspostille (1927), in: GW, Bd. VIII, Frankfurt 1967, 260.

148 E. v. Hartmann, Geschichte der Metaphysik, Bd II, (Neudruck) Darmstadt 1969, 444.

149 Vgl. G. Fuchs, »Die Bilder mit Bildern austreiben«, in: Katechetische Blätter 4/1999, 226-230; hier: 228 f.

150 K. Rahner, Erfahrungen eines Theologen, in: K. Lehmann (Hg.), Vor dem Geheimnis Gottes den Menschen verstehen, München 1984, 118 f.

151 H. Küng, Ewiges Leben?, München/Zürich 1982, 279 f.

152 K. Rahner, Grundkurs des Glaubens, Freiburg 1976, 430-435.

153 Ebd., 430-435.

154 Ich verdanke diese Anregung Dr. Klaus Fischer, Heidelberg.

155 Passauer Bistumsblatt 43/1998.

156 Herder-Korrespondenz 1962/63, 86-101; 87.

157 Vatik. Kommission für die religiösen Beziehungen zum Judentum im Sekretariat für die Einheit der Christen (Hg.), Hinweise für die richtige Darstellung von Juden und Judentum in Katechese und Predigt (24.6.1985), Art. 12; zit. nach: Herder-Korrespondenz 1985, 467-471; hier: 469.

158 Die deutschen Bischöfe, »Über das Verhältnis der Kirche zum Judentum«. Nr. 26 der Schriftenreihe »Die deutschen Bischöfe«, erhältlich über: Sekretariat d. dt. Bischofskonferenz, Bonn 1980.

159 Vgl. Zweites Vatik. Konzil, Dekret über die Missionstätigkeit der Kirche »Ad Gentes«, Art. 7.

160 Zweites Vatik. Konzil, Dogmatische Konstitution über die Kirche »Lumen gentium«, Art. 9.